Charles Berlitz wurde 1914 in New York geboren. Das Studium alter Sprachen weckte sein Interesse an der Archäologie. Die Erforschung menschlicher Urkulturen führte ihn zu Expeditionen in Amerika, Asien und im Mittelmeerraum.
Seit vielen Jahren ist er auf der Suche nach den realen Grundlagen mythischer Überlieferungen und scheinbar unerklärlicher Phänomene. Sein Weltbestseller »Das Bermuda-Dreieck« und seine weiteren Bücher wurden in 22 Sprachen übersetzt.

Von Charles Berlitz sind außerdem erschienen:

»Das Bermuda-Dreieck« (Band 3500)
»Das Atlantis-Rätsel« (Band 3561)
»Spurlos« (Band 3614)
»Das Philadelphia-Experiment« (Band 3679)
»Weltuntergang 1999« (Band 3703)
»Die wunderbare Welt der Sprachen« (Band 3747)
»Die ungelösten Geheimnisse dieser Welt« (Band 3760)
»Der 8. Kontinent« (Band 3807)
»Die größten Rätsel und Geheimnisse unserer Welt« (Band 3955)
»Unglaublich! Ungewöhnliche Erlebnisse außergewöhnlicher Menschen« (Band 3957)
»Die Welt des Unbegreiflichen« (Band 4024)

Vollständige Taschenbuchausgabe April 1991
Droemersche Verlagsanstalt Th. Knaur Nachf., München
© 1987 Paul Zsolnay Verlag Gesellschaft m.b.H., Wien/Hamburg
Titel der amerikanischen Ausgabe: »The Lost Ship of Noah –
In Search of the Ark at Ararat«
Originalverlag: Putnam Publishing Group, New York
© 1981 Charles Berlitz
Umschlaggestaltung Manfred Waller
Umschlagfoto Zefa/Helbig
Druck und Bindung Ebner Ulm
Printed in Germany   5 4 3 2 1
ISBN 3-426-03891-9

Charles Berlitz:
Die Suche nach der Arche Noah

Mit zahlreichen Abbildungen

Inhalt

1 Das Schiff auf dem Berg 7
2 Hinweise in der Vergangenheit – Bestätigung in der Gegenwart 13
3 Arche und Luftfahrt 27
4 Vulkankegel oder Grabhügel der Arche? 49
5 Dikkat! – Gefahr! 61
6 Berichte über Sichtungen der Arche 91
7 Die Fluten, die sich über die Erde ergossen 125
8 Ausgetrocknete Meere und versunkene Landstriche 145
9 Tierarten, die mit der Sintflut verschwanden . . . 161
10 Widersprüchliche Theorien 171
11 Die Arche und die Wirklichkeit 197

1

Das Schiff auf dem Berg

Hoch über der anatolischen Hochebene in der östlichen Türkei, nur wenige Kilometer von der iranischen und russischen Grenze entfernt, ragt unvermutet ein Berg empor. Er zählt mit seinen 5 165 Metern nicht zu den höchsten Bergen der Welt, aber er gehört zu den berühmtesten. Sein Name ist seit Jahrtausenden eine Botschaft an die meisten Völker der Erde – der Name, der verheißt, der lehrt, der befiehlt und manchmal droht. Dieser Name ist Ararat.

Der Ararat, auf dessen Gipfel die Arche Noah gestrandet sein soll, ist seit fast zweitausend Jahren Bestandteil des christlichen Glaubens, des jüdischen Glaubens sogar länger. Noch früher läßt er sich in der babylonischen Religion nachweisen, und, bevor die Legende in Babylon entstand, in der sumerischen, die statt Noah den Namen *Ut-Napischtim* tradiert. In der islamischen Überlieferung sind Noah (arabisch *Nuh*) und sein großes Schiff verewigt, wenn auch ohne sichere Standortbestimmung des Berges, auf dem er gelandet ist. Dieser wird *Al Djoud* („die Höhen") genannt, womit manchmal der Ararat, aber auch zwei andere Berge des Nahen Ostens bezeichnet sind. Die Genesis liefert uns eine ungefähre Ortsangabe, wenn es heißt: „... die Arche ließ sich nieder auf das Gebirge Ararat." Dieser Name leitet sich ab vom Wort *Urartu*, der alten Bezeichnung für Armenien. Aber die Bewohner der Länder rund um den Ararat sowie die Mehrzahl der geistigen Nachfahren der „Buchreligionen", also

Christen, Juden und Mohammedaner glauben allgemein, daß der Landeplatz der Arche auf dem Ararat liegt, vielleicht weil er der höchste, gewaltigste und unzugänglichste unter den „Bergen Armeniens" ist.

Die Reisenden, die jahrhundertelang zu Pferd, auf Maultieren und in Kamelkarawanen in Richtung Zentralasien oder von dorther kommend am Ararat vorbeigezogen sind, haben berichtet, daß sie ein Schiff in der Nähe des Gipfels gesehen oder mit Einheimischen gesprochen hätten, die das Schiff nicht nur gesehen, sondern sogar aufgesucht haben wollten. Diese Einheimischen hatten sogar Pech von der Außenwand der Arche gekratzt und daraus Amulette zum Schutz vor Krankheiten, Mißgeschick, Gift und unglücklicher Liebe angefertigt.

Seit jüngerer Zeit, ungefähr von 1800 an, haben Gruppen von Bergsteigern mit Quadranten, Höhenmessern und Kameras den Ararat bestiegen. Das tatsächliche Wrack eines riesigen Schiffes wurde von diesen Expeditionen noch nicht gefunden, aber man entdeckte große, schiffsähnlich geformte Schatten im Gletscher und behauene Balken in oder unter der Eisdecke nahe dem Gipfel. Immer mehr neigt man zu der Ansicht, daß die Arche über den Berg hinuntergerutscht und in eine der zahlreichen Spalten gestürzt ist, wo sie nun in einem der Gletscher, die den Ararat bedecken, eingefroren ist.

Der Glaube an die Existenz eines alten Schiffes auf dem Gipfel des Ararat oder irgendeines anderen hohen Berges könnte als das Relikt einer alten Legende in Verbindung mit einer religiösen oder moralischen Botschaft für die nachkommenden Generationen erscheinen. Betrachtet man den Ararat von der Ebene oder den Vorbergen aus und vergegenwärtigt sich die faszinierende Geschichte von Noah und der Arche, dann fällt es nicht schwer, in den gezackten Gratformationen die Gestalt eines großen Schiffes zu erblicken oder vermeintlich zu erblicken, ein längliches ovales Objekt in der Tiefe der

Schluchten, ein unerklärlicher rechteckiger schwarzer Fleck im Gletschereis. Doch die vielen Personen, die vor allem in den letzten zweihundert Jahren laut ihrer Aussage ein Schiff auf dem Ararat sahen, haben es nicht aus der Ferne gesehen, sondern sie befanden sich manchmal hoch oben auf dem Berg, oder, wie sie berichten, in unmittelbarer Nähe eines riesigen Schiffes, das großteils im Gletschereis verschwand.

Die Vorstellung, daß ein Schiff Jahrtausende auf einem Berggipfel überdauert, ist nicht absolut widersinnig. Zunächst einmal müssen wir die Theorie von einer großen Überschwemmung annehmen – Flutwellen, die sich über die Ebenen, Täler und Berge dieser Erde ergossen und die Trümmer einer zerstörten Zivilisation mit sich spülten. Die Arche auf dem Ararat wäre demnach bei einer solchen Überschwemmung verschont geblieben so wie vermutlich die anderen Rettungsschiffe, von denen in allen prähistorischen Kulturen die älteste gemeinsame Legende der Menschheit spricht. Denn die Geschichte von der Sintflut ist ebenso auf der ganzen Welt verbreitet wie die Geschichte, daß auf einem Schiff ein auserwählter Mann mit einer Frau, gewöhnlich mit Verwandten oder Gefolgsleuten, Tieren und Pflanzen überlebt haben, auf daß sich das Leben auf der verwüsteten Erde wieder erneuere. Nur der Name Noah und die Arten der geretteten Tiere ändern sich je nach der Gegend, in der die Legende erzählt wird. Die Berichte sind einander so ähnlich, daß die Spanier, als sie die Neue Welt eroberten, feststellten, daß sowohl die hochentwickelten Indianervölker wie auch die primitiven Stämme mit der Geschichte von der Sintflut vertraut waren. Einige Konquistadoren hielten dies nur für eine List des Teufels, der unter den wahren Gläubigen Verwirrung stiften wollte.

Daß ein Ereignis von so ungeheuren Ausmaßen wie eine weltweite Sintflut von den Überlebenden und ihren Nachkommen nicht vergessen wird, ist verständlich. Aber die Legende von einem großen hölzernen Schiff, das über Tausende von Jahren riesige Städte und ganze Zivilisationen überdauert, ist bedeutend unglaubwürdiger. Wenn Holz, Eisen, Kupfer, Ziegel, Stahl und alle anderen Baustoffe, mit Ausnahme von riesigen Felsblöcken, sich mit der Zeit zersetzen, wie kann dann ein hölzernes Schiff auf einem Berggipfel seine erkennbare Gestalt beibehalten? Auf diese Frage gibt es eine Antwort: Wenn dieses Schiff im Eis eingefroren ist. Auf dem Gipfel des Ararat, im Gletscher zwischen den beiden Spitzen und in den Binnensenken der tiefen Gletscher, die langsam an den Bergflanken hinunterfließen, ist es kalt genug, um ein Schiff zu erhalten, das aus dicken Balken gezimmert, und, wie es in der Genesis heißt, „mit Pech inwendig und auswendig" abgedichtet ist. Die Augenzeugenberichte von Bergsteigern und Piloten, die gelegentlich ein schiffsähnliches Objekt auf dem Ararat gesichtet haben, erwähnen immer Teile eines großen Schiffes, das überwiegend mit Eis bedeckt ist, oder einen Schatten *unterhalb* der Eisdecke, der die Umrisse eines Schiffes von ungefähr den Maßen der Arche aufweist, wie sie in der Genesis ausführlich angegeben sind: „Dreihundert Ellen sei die Länge, fünfzig Ellen die Breite und dreißig Ellen die Höhe."

Nun könnte man die Ansicht vertreten, daß beide angeführten Möglichkeiten im wesentlichen auf dasselbe hinauslaufen, wenn man die Klimaschwankungen in Betracht zieht. Ungefähr alle zwanzig Jahre kommt es im Ararat-Gebirge zu besonders ausgeprägten Hitzeperioden, und gewöhnlich wurden in eben diesen Zeiten, während der normalerweise heißen Monate August und Anfang September, Berichte von der Sichtung eines großen Schiffes laut. Während das Schiff unter dem Eis liegt, kann es nicht verwittern, ebensowenig wie die Exemplare ausgestorbener Tierarten, die sibirischen Mammuts oder die Säbelzahntiger und anderer Säugetiere aus dem Pleistozän, die man in Alaska und Nordkanada gefunden hat. Als man sie aus dem Eis hackte, waren Fell und Haut unversehrt, und im Magen fand man noch unverdautes Futter aus präglazialer Zeit.

Da gewisse Regionen des Ararat das ganze Jahr über mit Schnee und Eis bedeckt sind, könnten Forscher über die Reste eines großen Schiffes geklettert sein, ohne es zu merken. Wenn das Schiff immer noch auf dem Berg tief unter einer Eis- und Schneedecke liegt, dann bedarf es ausgedehnter und spezialisierter Untersuchungen, deren Durchführung deshalb so besonders schwierig ist, weil der Berg solche Gefahren für eine Besteigung birgt, daß in der Gegend seit Jahrhunderten der Aberglaube herrscht, übernatürliche Mächte beschützten den Ararat vor Bergsteigern auf der Suche nach der Arche. Dieser angebliche Schutz äußert sich in einer Vielzahl von Gefahren: Lawinen, plötzliche Felsstürze, heftige Gewitterstürme und starker Wind in Gipfelnähe. Schnell einfallender Nebel raubt den Bergsteigern die Orientierung, so daß sie oft in Gebiete mit schneebedeckten oder kaum zugefrorenen Spalten geraten, die ihnen dann zum Grab werden. Daneben gibt es eine ganze Reihe von lebendigen Gefahren: Giftschlangen in den unteren Regionen, weiter oben Wolfsrudel und nicht minder gefährliche wilde Hunde, Bären, die in Höhlen hausen, in denen ein Bergsteiger Schutz suchen könnte, und von Zeit zu Zeit neuerdings auch kurdische Rebellen. Dies alles mag in Möchtegern-Forschern den Eindruck erweckt haben, der Gipfel sei verbotenes Terrain, zu dem noch höhere Gewalten als die stets wachsame örtliche Gendarmerie den Zugang verwehren.

Aber die Forscher haben ihre Anstrengungen nicht aufgegeben. Die Suche nach dem Schiff auf dem Ararat geht weiter, ja, sie scheint jedes Jahr während der Spätsommer-Monate, wenn das Eis zu einem Großteil geschmolzen ist, eifriger betrieben zu werden. Denn der Preis – die Entdeckung des Hauptteils der Arche, von deren Existenz Bergsteiger und Flieger so oft berichteten – ist unschätzbar. Eine solche Entdeckung könnte unsere Vorstellungen über das Altertum verändern, die Erdgeschichte neu akzentuieren und die traditionellen religiösen Glaubensinhalte einer großen Anzahl von Völkern aufs neue bestätigen. In dieser Weise erringt die Arche Überzeitlichkeit und betrifft die Zukunft ebenso wie die Vergangenheit.

2

Hinweise in der Vergangenheit – Bestätigung in der Gegenwart

Viele der historischen Hinweise auf die Sichtung eines Schiffes auf dem Ararat stammen von Besuchern der Städte mit Blick auf den Berg. Andere Beobachtungen sind von Reisenden überliefert, die auf ihrem Weg von und nach Persien, Armenien und dem Tatarengebiet im Norden, das heute ein Teil der UdSSR ist, in langsamen Karawanen über die anatolische Hochebene zogen. In der Antike und im Mittelalter, als der Glaube noch stärker und die Menschen weniger skeptisch waren, wurde die Existenz der Arche Noah auf dem Ararat gemeinhin als Tatsache angesehen. Wenn daher die Reisenden am Berg vorüberkamen, zeigten ihnen die Führer gewöhnlich Stellen auf den Abhängen oder auf dem Gipfel, wo die Arche immer noch zu sehen sein könnte. Und im klaren Licht des frühen Morgens, bevor sich noch Wolken über den Gipfel senken, aber auch in der Dämmerung, wenn die Wolken verschwunden sind und der Berg sich schwarz gegen den rosaroten oder violetten Himmel des einbrechenden Abends abhebt, gelingt es dem Gläubigen, aber auch dem phantasievollen Ungläubigen leicht, auf den Höhen die Umrisse eines großen Schiffes auszumachen.

Obwohl viele der Berichte aus dem Altertum und dem Mittelalter stammen, beziehen sich einige davon auf Einzelheiten, die später auch die modernen Forscher erkannten. Berossos, ein babylonischer Geschichtsschreiber, berichtet 275 v. Chr. von dem „Schiff, das in Armenien auf Grund gelaufen ist", und er erwähnt den Brauch der Ortsansässigen, „Pech von dem Schiff zu holen, indem sie es abschaben und daraus Amulette machen". Genau dieses merkwürdige Informationsbruchstück faszinierte auch den jüdischen Geschichtsschreiber Flavius Josephus, der im ersten Jahrhundert nach der römischen Besetzung Judäas sein Werk verfaßte. Er gibt eine Nacherzählung der Geschichte von Noah und der Sintflut und schreibt: „Ein Teil des Schiffes hat sich auch noch heute in Armenien erhalten ... die Menschen dort nehmen das Pech mit sich und verwenden es dann für Amulette..." Eine spätmittelalterliche Überlieferung empfiehlt, das Pech zu Pulver zu zerreiben und in Flüssigkeit aufzulösen, um es dann zu trinken, auf daß es denjenigen, der davon getrunken hat, vor Vergiftung bewahre.

Die Hinweise dieser und anderer antiker Schriftsteller auf das Pech sind nicht nur deshalb interessant, weil sie mit dem Buch Genesis übereinstimmen, sondern auch, weil sie darauf schließen lassen, daß das riesige Schiff in den Jahrhunderten nach der Sintflut zugänglich war, und weil sie überdies eine Erklärung dafür bieten, warum einige der behauenen Balken und Stämme, die man hoch oben auf dem Berg unter dem Eis gefunden hat, so gut erhalten waren.

Flavius Josephus flocht in seine *Geschichte des Jüdischen Krieges* eine interessante Bemerkung ein: „Die Armenier nennen diesen Platz den Ort der Landung, wo die Arche liegen blieb und ihre Überreste bis zum heutigen Tag gezeigt werden."

Nikolaus von Damaskus, der im 1. Jahrhundert n. Chr. eine Weltchronik schrieb, nannte den Berg *Baris*: „... in Armenien gibt es einen hohen Berg, Baris genannt, wo viele Flüchtende in den Tagen der Sintflut Rettung fanden, und auf dessen Gipfel ein Mann, der in einer Arche kam, aufsetzte, und die Überreste der Balken haben sich lange erhalten."

Baris war ein anderer Name für den Berg Ararat, der in Armenien auch Massis hieß, „Die Mutter der Welt". Nikolaus legt eine etwas gelehrtenhafte Scheu vor übereilten Schlußfolgerungen an den Tag, wenn er nachdenklich hinzusetzt: „Es könnte sich dabei um den Mann handeln, von dem Moses, der jüdische Gesetzgeber, berichtet..."

Einer der berühmtesten Reisenden der Weltgeschichte kam im letzten Drittel des 15. Jahrhunderts am Ararat vorbei: Marco Polo auf seinem Weg an den Hof des Kaisers von China. In seinem Buch *Die Reisen des Venezianers Marco Polo* findet sich ein verblüffender Hinweis auf die Arche: „... Ihr müßt wissen, daß in diesem Lande Armenien die Arche Noah noch auf dem Gipfel eines bestimmten hohen Berges ruht, auf dem der Schnee so lange liegen bleibt, daß keiner den Berg besteigen kann; denn der Schnee schmilzt niemals und wird ständig durch neue Schneefälle vermehrt. Darunter aber schmilzt er und rinnt den Hang hinab, und macht das Gras so üppig und fett, daß man im Sommer das Vieh aus einem weiten Umkreis dorthin treibt und es sich immer satt fressen kann."

Marco Polos Beschreibung des Berges Ararat hat auch heute noch Gültigkeit, abgesehen von der Feststellung, daß keiner den Berg besteigen kann. Der wichtigste Hinweis, daß Schnee und Eis auf dem Grund schmelzen und das Wasser unter dem Gletschereis abrinnt, ist besonders bemerkenswert, denn eben in gewissen Gletscherspalten haben moderne Forscher handgearbeitete Balken und Pfosten gefunden.

Ein Deutscher, der das Gebiet um den Ararat im frühen 16. Jahrhundert bereiste, ein gewisser Adam Oelschläger (lateinisch Olearius), bemerkt in seiner *Moskowitischen und Persischen Reise*: „Die Armenier und Perser selbst sind der Meinung, daß sich auf dem besagten Berg noch immer die Reste der Arche befinden, daß diese aber im Laufe der Zeit so hart und fest wie Stein geworden sind."

Die Bemerkung des Olearius über die Versteinerung des Holzes bezieht sich auf Balken, die man oberhalb der Baumgrenze gefunden hat und die sich heute im Kloster von Echmiadzin befinden; sie ähneln Teilstücken der angeblichen Arche, die in neuerer Zeit der französische Forscher und Bergsteiger Fernand Navarra mitgebracht hat, aber auch anderen, die von weiteren Forschern entdeckt worden sind.

Sir John Mandeville sah den Berg im Jahr 1356 und, fasziniert von dessen steiler Höhe, die vor allem am frühen Morgen, bevor Wolken den Gipfel verhüllen, besonders eindrucksvoll ist, unternahm er als erster den Versuch einer Höhenschätzung. Er berichtet: „Ein Berg namens Ararat ... auf dem Noahs Schiff zum Stillstand kam und auf welchem es sich noch immer befindet, und die Menschen sehen es bei klarem Wetter aus weiter Ferne. Dieser Berg ist ganze sieben Meilen (11 200 Meter) hoch..."

Im Hinblick darauf, daß der Ararat in Wirklichkeit genau 5 165 Meter hoch ist, wird eine solch übertriebene Begeisterung die Glaubwürdigkeit von Sir Johns anderen Beobachtungen vermindern. Sie ist jedoch verständlich, zieht man in Betracht, welch ehrfurchtgebietenden Eindruck das plötzliche Auftauchen des Berges macht, wenn sich die Wolken heben. Dr. John Montgomery äußert in seinem

Buch *The Quest for Noah's Ark* die Vermutung, daß Mandeville vielleicht die Distanz vom Ausläufer bis zur höchsten Spitze des Berges berechnet hat.

Die vielen Schriftsteller des Altertums und des Mittelalters, die den Ararat beschrieben haben, fühlten sich offenbar nicht dazu berufen, die Hänge des Berges emporzusteigen und Gletschern, Felswänden, Felsstürzen und Lawinen zu trotzen, um sich mit eigenen Augen davon zu überzeugen, ob die Arche nun tatsächlich auf dem Berg liegt oder nicht. Zu ihrer Zeit war das auch überflüssig. Vor dem Zeitalter des Zweifels, das die Neuzeit einleitete, bedurfte der Glaube keiner Bestätigung, und außerdem drohte bei einer Entweihung des heiligen Schiffes auch noch die Strafe Gottes. Die christliche Bevölkerung Europas und des Nahen Ostens war schon in den Tagen des byzantinischen Kaiserreichs fest davon überzeugt, daß die Arche auf dem Ararat liege; und später bekräftigten die Lehren des Islams den Glauben an die Sintflut, die Arche und an Nuh (Noah), und daß erst Gott am Jüngsten Tag die Arche den menschlichen Blicken enthüllen würde.

Der Franziskanermönch Oderich, der später dem Papst in Avignon Bericht erstatten sollte, sah den Berg 1316 und schrieb: „Die Leute aus der Umgebung erzählten uns, daß niemand je den Berg erstiegen hat, denn dies ... würde offenbar nicht Gefallen finden vor dem Allerhöchsten..." Oderich selbst war als einziger von allen Berichterstattern der Antike und des Mittelalters von der steilen Höhe des bedrohlichen Berges nicht beeindruckt. Mehr als vierhundert Jahre vor der ersten dokumentierten Besteigung schreibt er: „... gerne hätte ich den Berg erstiegen, wenn meine Begleiter nur auf mich gewartet hätten..."

Der Glaube an die Arche war damals, und ist es oft auch heute noch, ein Dogma, beriefen sich doch einige byzantinische Theologen auf die Arche als einen handfesten Beweis für die Wahrheit der kirchlichen Lehre. Johannes Chrysostomos, im 4. Jahrhundert Patriarch von Konstantinopel, stellte einige Fragen, die seiner Meinung nach klar und eindeutig beantwortbar waren: „Fragen wir also jene, die nicht glauben: Ihr habt doch von der Sintflut gehört – jener weltweiten Zerstörung? Das war keine leere Drohung, nicht wahr? Ist sie nicht wirklich eingetreten – ist dies große Schiff denn nicht vollendet worden? Sehen wir denn nicht bis zum heutigen Tag die Reste der Arche, die uns zur Mahnung gereichen sollen?"

Ähnlich äußerte sich Bischof Epiphanius von Salamis: „Glaubt ihr denn allen Ernstes, daß wir unsere Behauptung nicht beweisen können, da doch bis zum heutigen Tage die Überreste der Arche Noah im Lande der Kurden gezeigt werden?"

Dieser Hinweis aus dem 4. nachchristlichen Jahrhundert läßt darauf schließen, daß die Kurden schon damals zusammen mit den Armeniern in der Region des Ararat ansässig waren. Die Armenier sind nicht mehr dort, sie leben heute größtenteils in der Armenischen Sozialistischen Sowjetrepublik und in armenischen Gemeinden in den Vereinigten Staaten. Die Kurden bewohnen noch immer das Land um den Ararat und führen von Zeit zu Zeit Kleinkriege gegen die Regierungen der von ihnen besiedelten Gebiete des Nahen Ostens.

Die Legende, daß Gott dem Menschen nicht gestatte, den Berg Ararat zu besteigen, hat sich beinahe bis in unsere Zeit erhalten. Der deutsche Naturkundler Dr. Friedrich Parrot, Professor an der Universität von Dorpat in Estland, das damals noch zum zaristischen Rußland gehörte, unternahm 1829 die erste offizielle Gipfelbesteigung. Der Parrotgletscher an der Nordwestflanke des Berges ist nach ihm benannt. Parrot bemerkt über seine russischen und armenischen Bergkameraden: „Sie sind alle felsenfest davon überzeugt, daß die Arche bis zum heutigen Tag auf dem Gipfel des Ararat liegt, und daß sich ihr kein Mensch nähern darf, um sie nicht zu gefährden." Vor der Besteigung verbrachte Parrot einige Zeit im Kloster Ahora am Nordwestabhang des Berges, wo ihm der Abt eine Ikone zeigte, die angeblich aus Arche-Holz gearbeitet war. Aber beim letzten Vulkanausbruch des Ararat im Jahre 1840 wurden das Dorf Ahora und das Kloster mitsamt den Mönchen verschüttet, und an der Stelle, wo sich die Gebäude befunden hatten, tut sich nun ein tiefer Abgrund auf.

Dr. Hermann Abich, ebenfalls Deutscher und Professor der Mineralogie, der wie Parrot an der Universität Dorpat lehrte, bestieg den Ararat im Jahr 1845. Abichs Name wurde in den beiden Gletschern Abich I und Abich II verewigt, von denen einer seine Schmelzwasserbäche in die Ahoraschlucht an der nordöstlichen, der Sowjetunion zugewandten Seite des Berges ergießt. Obwohl Abich nicht direkt nach der Arche suchte, hatte ihn wie auch J. Spassky-Aftonomow, einen anderen Bergsteigerpionier, frühen Besteiger, ein seltsames Motiv zu dem Unternehmen veranlaßt. Sowohl Spassky-Aftonomow wie auch Abich wollten feststellen, ob man von einem extrem hohen Berggipfel aus Sterne und Planeten auch während des Tages sehen könnte.

Vor den „modernen" Nachforschungen, die in den zwanziger Jahren des 19. Jahrhunderts einsetzten, gab es schon Gerüchte oder sagenhafte Berichte über Aufstiege zu den oberen Regionen des Ararat, wo die Arche gesehen oder berührt worden sei. Diese Berichte sprechen hauptsächlich von gottesfürchtigen Männern, die sich auf der Suche nach heiligen Reliquien zur Arche aufgemacht hatten, von Hirten, die verirrten Tieren nachgeklettert waren, und von Leuten, die Holz oder Pech von der Arche gesammelt hatten, alles zu einer Zeit, da die Arche vermutlich noch zugänglich war, also wahrscheinlich vor dem letzten Erdbeben und Ararat-Ausbruch im Jahre 1840. Diese Besteigungen wurden damals entweder als Wunder oder als außergewöhnliche Heldentaten betrachtet. In einem Fall berichtete ein Schäfer, daß er hoch oben auf dem Berg nach verirrten Schafen gesucht und dabei eine große Felsklippe entdeckt hätte. Als er näher an die vermeintliche Klippe herangekommen war, hatte sich diese als die Bordwand eines riesigen Schiffes, das teilweise von Eis und Schnee bedeckt war, entpuppt, und der Mann war aus Furcht vor der Strafe für seinen Frevel geflohen.

Aber in früheren Zeiten hatten die Hirten ganz allgemein die extreme Höhe als einen Ort der Krankheit und des Todes gemieden, sie wußten nicht, daß es sich bei der Krankheit lediglich um die Höhenkrankheit handelt. Für sie begann die Gefahrenzone dort, „wo die Schafe zu sterben anfangen", und verständlicherweise war dies die Stelle, an der sie glaubten, umkehren zu müssen.

Die Überlieferung erzählt von einem byzantinischen Abt, der versuchte, zur Arche hinaufzusteigen. Gemeint ist Jakob von Medzpin, der spätere Bischof von Nisibis, der schließlich heiliggesprochen wurde. Nach vielen Gebeten, in denen er Gott darum bat, die Arche sehen zu dürfen, machte er sich auf den langen Weg über die Westflanke des Berges. Von Durst gepeinigt und von Erschöpfung übermannt, legte er sich schlafen. Als er erwachte, sah er, daß neben seinem Lagerplatz auf wunderbare Weise eine Quelle entsprungen war. Die Quelle, nun Jakobsquelle genannt, existiert immer noch, und sie dient heute als Orientierungspunkt. Später setzte Jakob von Medzpin den Aufstieg fort, doch mußte er feststellen, daß er nach jedem Schlaf, vermutlich von Engeln hinuntergetragen, wieder an der Stelle erwachte, von wo er aufgebrochen war. Aber schließlich erhörte Gott seine Gebete und sandte ihm einen Engel. Dieser befahl Jakob, von seinem Versuch, den verbotenen Berg zu besteigen, abzulassen, und gab ihm ein Stück Holz von der Arche. Danach sagte der Engel zu Jakob, daß kein Mensch den Ort der Arche aufsuchen dürfe, bis zu dem Tage, da es Gott selbst gefallen würde, die Arche zu offenbaren.

Sir John Chardin, einer der ersten Engländer, die das Araratgebirge bereisten, schrieb im Jahre 1356: „Mich dünkt es kein Wunder, daß niemals ein Mensch den Gipfel erreicht hat, eher würde es mir als ein großes Wunder erscheinen, wenn einer ihn je erreicht hätte... Von seiner Mitte bis zum Gipfel liegt der Berg unter einer dicken Schneedecke, so daß er zu jeder Jahreszeit einem riesigen Schneehaufen gleicht."

Im Jahre 1856 versuchte eine britische Gruppe unter Major Robert Stuart, einem Veteranen des Krimkriegs, den Ararat zu besteigen. An einer bestimmten Stelle machten seine kurdischen Führer plötzlich halt „und weigerten sich, den Aufstieg fortzusetzen, indem sie sich zu ihrer Rechtfertigung auf die Tradition ihrer Vorväter beriefen, auf ihre Furcht vor dem Betreten geheiligten Bodens ... und sagten, daß es unmöglich sei, den Berg zu besteigen, und daß jeder derartige Versuch augenblicklich den Zorn des Himmels zu gewärtigen hätte".

Als jedoch einige Mitglieder der britischen Expedition den Gipfel erreichten, soll mancher der widerstrebenden Kurden, wie Major Stuart berichtet, ausgerufen haben: „Wir haben immer geglaubt ... Allah habe diesen heiligen Berg dem Menschen unzugänglich gemacht. Viele haben es schon versucht, aber keinem ist es gelungen – bis ihr gekommen seid und ohne alle Umschweife geradewegs vom Fuß bis zum Gipfel aufgestiegen seid. Allah sei Dank. Wir haben viele seltsame Dinge über euch gehört, aber nun haben wir es mit eigenen Augen gesehen." Der Major nahm diese Lobeshymne offenbar mit britischer Gelassenheit entgegen und hielt sie in einer kurzen

Notiz fest, die als Musterbeispiel imperialistischen Selbstverständnisses gelten kann: „... da nun sahen sie die Stichhaltigkeit unserer Behauptung ein ... daß vieles, was einem Kurden verboten, den Engländern gestattet ist."

Der Nordosten der Türkei wird regelmäßig von Erdbeben heimgesucht, und das solange die historischen Aufzeichnungen zurückreichen. Ein besonders heftiges Erdbeben im Juli des Jahres 1840 zerstörte die Stadt Arĝhuri (Ahora) an der Nordwestflanke des Ararat. Durch das Beben und den Ausbruch des Ararat kamen alle Bewohner von Ahora ums Leben, und das von Parrot und anderen Reisenden besuchte armenische Kloster des heiligen Jakob, in welchem sich angeblich einige aus älterer Zeit stammende Berichte über die Arche und Holzstücke von der Arche selbst befunden hatten, wurde zerstört. Die Katastrophe hinterließ am unteren Ende des Schwarzen Gletschers, so genannt wegen seiner dunklen Staubschicht, die von zerschmetterten herabstürzenden Felsbrocken herrührt, eine tiefe Schlucht. Dieser rund zweihundertachtzig Meter tiefe felsige Abgrund wird als Ahoraschlucht bezeichnet. Auf dem Grunde der Schlucht sammelt sich das Schmelzwasser vom Boden des bis zu zweihundert Meter dicken Gletschers, der sich direkt über dem Abhang der Schlucht befindet.

Nun bietet sich die Schlußfolgerung an, daß die Arche, hätte sie tatsächlich Jahrtausende auf dem Berg überdauert, durch das erwähnte Beben entweder völlig zerstört oder aber freigelegt hätte werden müssen. Aber die Auswirkungen eines Erdbebens auf die Bodenschichten unterhalb der Erdoberfläche, des Meeresgrundes oder der Gletscher lassen sich schwer voraussagen, und ein Bericht über die Entdeckung der Arche durch türkische Beamte wurde erst 1883 veröffentlicht, nachdem ein neuerliches Beben den Berg erschüttert und eine Anzahl von Dörfern zerstört hatte.

Die türkischen Regierungsbeauftragten, unter denen sich

auch ein Attaché der britischen Botschaft in Istanbul, damals noch Konstantinopel, befand, besichtigten die entstandenen Schäden und Veränderungen, als sie plötzlich, wie es heißt, auf ein großes, bootsähnliches Gebilde stießen. Braun gestrichen, aus mächtigen Balken gezimmert, von denen einige geborsten waren, tauchte es teilweise aus dem Eis eines überhängenden Gletschers auf. Die Beamten schätzten die Höhe des Objekts auf ungefähr siebzehn Meter, die Länge auf etwa hundertachtzig Meter und berichteten, daß sie diesen schiffsähnlichen Bau tatsächlich betreten hätten. Sie konnten bis in drei riesige Innenräume vordringen, aber die weiteren Abteilungen waren mit massivem Eis gefüllt. Da Gefahr bestand, daß der riesige Gletscherüberhang einstürzte und sie mit dem Schiff unter sich begrub, besannen sie sich noch einmal und brachen aus Vorsichtsgründen die Untersuchung ab.

Dieser Bericht über die Arche erschien zuerst in den Zeitungen von Konstantinopel, später aber auch im *Levant Herald* und dem britischen *Prophetic Messenger*. Statt aber das Interesse der Wissenschaftler und Archäologen zu wecken, lieferte er der amerikanischen Presse Stoff für eine Art von Berichterstattung, wie sie in späterer Zeit den UFO-Geschichten vorbehalten sein sollte. Der *New York Herald* bemerkte aufgrund der Tatsache, daß sich ein britischer Offizier unter den Entdeckern befunden hatte, die Höhe der Boxen an Bord des angeblichen Schiffes stimme überein mit „den Vorschriften der Britischen Admiralität für Pferdetransporte und ist daher nicht anzuzweifeln". Was die Länge des Fahrzeugs betrifft – dreihundert Ellen – „so darf eine Nation, die ernsthaft eine Schiffseisenbahn durch Mittelamerika erwogen hat, keinen Zweifel daran hegen, daß die Arche auf Hochsee gebracht werden kann", und der Verfasser des Artikels meint weiter, wenn es dazu käme und die Arche „amerikanisches Gewässer erreicht ... sollte das Marineamt sie sofort ankaufen, damit die größte Republik der Welt wenigstens ein Schiff besitzt, das nicht schon in dem Augenblick zu faulen beginnt, in dem es die Marinewerft verläßt".

In einem Artikel der *Chicago Tribune* ist zu lesen, daß die Bewohner des Gebietes um den Ararat den großen Bau aus dunklem Holz schon seit einigen Jahren gekannt, es aber nicht gewagt hätten, sich ihm zu nähern, „denn man hatte gesehen, wie ein fürchterliches Gespenst aus einem der Fenster schaute". Die Gruppe der Regierungsbeauftragten, heißt es, hätte die Arche sofort als solche erkannt, denn „es befand sich ein Engländer unter ihnen, der wahrscheinlich in der Bibel bewandert war und erkannte, daß sie aus dem alten ‚Gopherholz' der Schrift gemacht war…" – eine haltlose Stichelei, denn das „Gopherholz der Schrift" ist noch immer nicht eindeutig identifiziert.

Ein Kolumnist der *New York World* machte aus den Entdeckern Russen und verglich die Auffindung der Arche mit der berühmten Falschmeldung über den Cardiff-Riesen. Sodann fügt er hinzu: „… der Leser darf sich nicht wundern, wenn er aus den letzten Meldungen unseres Korrespondenten Mr. Benjamin erfährt, daß die Ingenieure bis in den dritten Raum der Arche vorgedrungen sind und, ganz im Geiste unserer Zeit, das Original des Logbuchs von Noah und seinen Söhnen gefunden haben…"

Genau wie die zeitgenössischen UFO-Berichte, fanden jene Artikel keine Fortsetzung, und der ganze Vorfall geriet mehr oder weniger in Vergessenheit – bis auf den Eindruck der Leser, daß irgendein Schwindel im Spiel war.

In dieser Atmosphäre kam es nur vier Jahre nach der berichteten Entdeckung zu einer Reihe weiterer seltsamer Vorfälle. Diesmal handelte es sich um einen Bericht, der dem Parlament der Religionen, das 1893 in Chicago zusammentrat, von einem gewissen John Joseph, Prinz von Nouri vorgelegt wurde, der neben vielen anderen Titeln auch den eines Erzbischofs und apostolischen Gesandten von Malabar, Indien und Persien führte. Prinz Nouri berichtete auf dem Kongreß, daß er im Jahre 1887 anläßlich der Forschungsreisen, die er unternommen hatte, um die Quellen des Euphrats zu finden, auf die Arche gestoßen sei. Er behauptete, er hätte dreimal versucht, den Berg Ararat zu besteigen, und beim dritten Mal tatsächlich Erfolg gehabt. Seinen Schilderungen nach war die Arche über dreißig Meter hoch, dreihundert Meter lang, und von dem einen Ende fehlte ein Teil. Das beachtliche Interesse, das seine Aussagen weckten, veranlaßte ihn, eine Expedition zum Ararat zu organisieren, die er selbst bis zum Standort der Arche führen wollte. Dort sollte das Schiff zerlegt werden, um leichter nach Chicago transportiert werden zu können, wo man es, wieder zusammengebaut, auf der damals gerade stattfindenden Weltausstellung zeigen wollte.

Prinz Nouris Entdeckerkarriere, beeinträchtigt durch einen Raubüberfall, dem er auf einer Reise nach San Francisco zum Opfer fiel, und einen dadurch bedingten Aufenthalt in einer Nervenheilanstalt, fand Anfang dieses Jahrhunderts ein vorzeitiges Ende. Ein weiterer Nachweis für die Richtigkeit seiner Behauptung unterblieb daher.

Einen Beweis für die Existenz eines Schiffes auf oder nahe dem Ararat-Gipfel zu erbringen, ist heute auch deshalb so besonders schwierig geworden, weil es weder Fotografien noch andere Bestätigungen von zeitgenössischen Augenzeugen gibt. Eine Reihe von Berichten, wonach einzelne Personen im 19. Jahrhundert zur Arche hochgestiegen sind (siehe Kapitel 6), tauchten erst ab den dreißiger Jahren dieses Jahrhunderts auf, nachdem sich während des Ersten Weltkrieges ein bemerkenswerter Vorfall im Zusammenhang mit der Arche ereignet hatte. Immer noch sind viele Berichte im Umlauf, die dieses Ereignis und seine Folgewirkungen damals bestätigten.

3

Arche und Luftfahrt

Zu einer ungewöhnlichen und der vielleicht berühmtesten Sichtung der Arche kam es angeblich im Sommer 1916 während der Schmelzperiode. Leutnant Roskowitzki und sein Kopilot entdeckten von einem Aufklärungsflugzeug der zaristischen Luftwaffe aus die Arche. Sie hatten Befehl, während einer Phase, in der die russische Armee an verschiedenen Fronten heftig bedrängt wurde, Höhenflugtests durchzuführen und die türkischen Truppenbewegungen zu beobachten. Der kleine russische Luftstützpunkt befand sich rund vierzig Kilometer nordöstlich des Ararat. Roskowitzki und sein Kopilot, die wegen der große Höhe Sauerstoff- Flaschen mit sich führten, näherten sich dem Berg von Nordosten, umkreisten ihn zweimal, und als das Flugzeug näher an den Ararat herankam, bemerkte Roskowitzki auf einer Felsplatte oder in einer Furche am Berghang einen halb zugefrorenen See, ähnlich jenen Gletscherseen, die je nach der jahreszeitlichen Schmelze größer oder kleiner werden.

Als sie näher heranflogen, deutete der Kopilot auf ein Objekt, das sich nahe der Stelle befand, wo der See in einen Bach mündete, und Roskowitzki erkannte den halb untergetauchten Rumpf eines riesigen Schiffes. Zunächst hielt er es für ein Unterseeboot, womit er den damals in der U-Boot-Kriegführung unschlagbaren Deutschen unbewußt zutraute, daß sie ein U-Boot in einem See einsetzen könnten, der hoch oben auf einer Bergflanke lag. Dann erst sah er, daß das, was er für zwei Periskope gehalten hatte, zwei Masten waren, und daß das Schiff, denn um ein solches handelte es sich offensichtlich, sich auf einer Seite neigte und in das Eis hineinragte. Außerdem bemerkte er einen flachen Steg, der entlang des Oberdecks verlief.

In Roskowitzkis Schilderung (veröffentlicht 1939 im kalifornischen *New Eden Magazine*) heißt es: „Wir flogen so niedrig, wie wir riskieren konnten, und kreisten mehrmals darüber. Wir waren verblüfft über die ungeheuren Ausmaße des Objekts, das, aus der Nähe betrachtet, so lang war wie ein ganzer Häuserblock und leicht einem Größenvergleich mit modernen Schlachtschiffen standgehalten hätte. Es war am Ufer des Sees gestrandet und lag zu einem Viertel unter Wasser. Die eine Seite war in Bugnähe teilweise abgewrackt, auf der anderen Seite befand sich eine rund sechs Quadratmeter große Tür mit nur noch einem erhaltenen Flügel. Die sechs Quadratmeter verblüfften uns, denn es ist selbst heutzutage noch außergewöhnlich, wenn ein Schiff auch nur halb so große Türöffnungen besitzt."

Nach dieser etwas flüchtigen Untersuchung kehrte Roskowitzki zum Stützpunkt zurück und berichtete dem Kommandanten, einem Hauptmann, von seiner Entdeckung. Dieser, verständlicherweise beeindruckt, befahl Roskowitzki, mit ihm zur Fundstelle zurückzufliegen, und erklärte Roskowitzki dann, daß das, was er überflogen hatte, die Arche Noah sei. Seiner Meinung nach war die Arche deshalb erhalten geblieben, weil sie vermutlich „neun bis zehn Monate im Jahr unter Eis liegt und so die ganze Zeit über wie in einem Kühlraum vor der Verrottung bewahrt wurde".

Der Hauptmann sandte einen Bericht nach Petrograd, worauf der Zar Befehl gab, zwei Pioniertrupps auf den Ararat zu schicken. Eine Gruppe von fünfzig Mann nahm den Berg von einer Seite in Angriff, eine zweite Gruppe von rund hundert Mann versuchte die Besteigung von der anderen Seite aus. Es kostete zwei Wochen mühseliger Arbeit, einen Steg in die Felsen zu hauen, und es dauerte fast einen Monat, bis die Pioniere die Arche erreichten.

Daß die russische Regierung auf ausdrücklichen Befehl des Zaren Spezialtruppen zur Ararat-Besteigung einsetzte, zu einer Zeit, in der diese Truppen anderswo benötigt wurden, könnte darauf schließen lassen, daß man möglicherweise zu psychologischen Maßnahmen greifen wollte, um der russischen Armee und das russische Volk in den dunklen Tagen vor der Februar- (nach dem neuen Kalender März-) Revolution, die den Sturz des Zaren brachte, durch den Hinweis auf „Zeichen vom Himmel" moralisch aufzurüsten. (Die Deutschen hatten knapp zuvor ebenfalls zu religionspsychologischen Mitteln gegriffen, indem sie mit einer sehr starken Laterna Magica auf Wolkenbänke über den deutschen Linien Bilder der Heiligen Familie und russischer Heiliger projizierten, die schützend über den deutschen Gräben zu schweben schienen.)

Die Arche wurde zur Gänze vermessen, Pläne wurden gezeichnet, Fotografien wurden gemacht und die Untersuchungsergebnisse an den Zaren geschickt. In dem Artikel des *New Eden Magazine* heißt es weiter: „Die Arche enthielt Hunderte von kleinen Abteilen und daneben etliche sehr große mit hoher Decke. Die besonders großen Räume waren durch Zäune aus festen Pfosten eingegrenzt, von denen einige rund einen halben Meter Durchmesser hatten, als seien sie für Tiere gedacht, die zehnmal größer als Elefanten waren. Andere Räume wiederum enthielten eine große Anzahl von Käfigen, wie man sie heutzutage bei Geflügelausstellungen verwendet, nur waren sie an der Vorderseite nicht mit Maschendraht, sondern mit dünnen Eisenstäben versehen."

Wenn der Verfasser des Artikels Tiere erwähnt, die zehnmal größer waren als Elefanten (Dinosaurier in der Arche?), dann setzt er damit seine Glaubwürdigkeit aufs Spiel. Da jedoch andererseits diese Roskowitzki-Geschichte, die ja lange nach dem tatsächlichen Ereignis geschrieben wurde, eine Sammlung verschiedener Augenzeugenberichte – von Piloten, Soldaten, Ingenieuren, und so weiter – darstellt, ist es verständlich, daß sie Übertreibungen enthält.

„Alles war dick überzogen mit einer wachsähnlichen Masse, die an Schellack erinnerte, und die Bauausführung zeigte alle Merkmale einer hohen Kulturstufe. Das verwendete Holz stammte durchwegs vom Oleander, der zur Familie der Zypressen gehört und nie verrottet; dies und die Tatsache, daß das Schiff die meiste Zeit unter Eis gelegen hat, erklären den hervorragenden Erhaltungszustand."

Die Darstellung oben scheint den Ausführungen in der Bibel so nahe zu kommen, daß André Parrot, ein französischer Autor, der über die Arche und die Sintflut geschrieben hat, Roskowitzkis Schilderung mit den Worten abtut: „Es ist höchst bedauernswert, daß diesen Bericht ... der während der bolschewistischen Revolution von 1917 verloren gegangen ist ... nie ein Fachmann gesehen hat. Alles, was wir besitzen, ist die Geschichte Roskowitzkis, und dazu läßt sich, milde ausgedrückt, nur sagen, daß kaum etwas davon übrigbleibt, wenn man die Genesis-Reminiszenzen beiseite läßt... Dies hat allerdings einige amerikanische Zeitschriften nicht davon abgehalten, die sensationellen Neuigkeiten zu veröffentlichen. Seriöse Fachzeitschriften hingegen haben der Geschichte zuteil werden lassen, was sie verdient: Schweigen..."

„... Die Expedition fand auf dem Berggipfel oberhalb des Schiffes die Reste der Balken, die aus der Seitenwand des Schiffes fehlten. Anscheinend hatte man das Holz auf den Gipfel getragen und dort einen kleinen Altar errichtet..."

Die Erwähnung des Altars ist ein besonders faszinierendes Detail in Roskowitzkis Bericht, denn dies erklärt, warum man an verschiedenen Stellen in Gipfelnähe, Tausende Meter über der Baumgrenze, einzelne Planken gefunden hat. Wenn Pilger gelegentlich das Schiff, das viele Tausend Jahre auf dem Berg gelegen hatte, zu einer Zeit, als es besser sichtbar und leichter zugänglich war, aufsuchten, dann ist es auch wahrscheinlich, daß einige von ihnen in der Nähe des Gipfels oder auch auf dem Gipfel selbst aus dem Holz der Arche einen Altar bauten, vielleicht zum Andenken an den Altar, den Noah nach der Sintflut errichtet hatte.

Der Abdruck von Roskowitzkis Bericht bricht ziemlich abrupt ab und schließt einfach mit der Feststellung, daß die Untersuchungskommission einen Sonderkurier mit Fotografien und Berichten an den Zaren persönlich nach Petrograd entsandte. Aber offenbar erhielt Nikolaus II. diese Berichte nie, da das Fernmeldewesen nach der Februar- und Oktoberrevolution des Jahres 1917 zusammenbrach.

Die Untersuchungsergebnisse wurden entweder nie gefunden, oder es hat nie ein Bericht darüber existiert. Es gibt ein Gerücht, wonach die Dokumente und Fotografien in die Hände von Leo Trotzki fielen, der sie entweder vernichtete oder in einem Dossier verschwinden ließ, wo sie für immer geheimgehalten werden sollten. Demselben Gerücht zufolge sicherte man sich für immer das Schweigen des Sonderkuriers, indem man ihn hinrichtete.

Roskowitzkis Bericht endet mit der nüchternen Feststellung, daß er selbst und einige andere Flieger vor den Bolschewiken nach Armenien geflüchtet und schließlich nach Amerika gelangt seien.

Das Rätselhafte und Ungereimte an dieser vielpublizierten Geschichte ist die Identität Roskowitzkis: Keiner der bekannten Überlebenden aus der zaristischen Armee oder Luftwaffe, die damals in der Gegend des Ararat stationiert waren, erinnert sich an einen Leutnant Roskowitzki. Dies könnte entweder darauf hindeuten, daß er nie existiert hat, oder daß er zum Zeitpunkt der Abfassung dieses Artikels, zweiundzwanzig Jahre nach Entdeckung der Arche, aus Gründen des Selbstschutzes – sogar in Amerika – nicht gewillt war, seinen wirklichen Namen anzugeben.

Trotzdem gibt es beträchtlich viele Berichte von einzelnen überlebenden Mitgliedern der zaristischen Armee, die in jenem Zeitraum an militärischen Operationen in der Ararat-Region teilgenommen haben. Eryl Cummings, ein hervorragender Forscher, der sich vierzig Jahre intensiv mit der Legende um die Arche beschäftigt und den Ararat fünfundzwanzigmal bestiegen hatte, konnte in New York persönlichen Kontakt mit Oberst Alexander Koor aufnehmen, der 1945 in der *Rossija*, einem russischen Emigrantenblatt, einen Artikel über den Vorfall veröffentlicht hatte. Oberst Koor hatte das 19. Petropawlowskysche Regiment kommandiert, das in den Jahren 1915 und 1916 in der Nähe des Ararat stationiert gewesen war, um den Aratzki-Paß zu sichern, nachdem die türkischen Streitkräfte die russischen Linien teilweise durchbrochen hatten. Oberst Koor erinnerte sich daran, von der angeblichen Auffindung der Arche gehört zu haben, und gab Cummings in einem dokumentierten Interview wertvolle Hinweise.

Oberst Koor meinte, der Pilot, der die Arche gefunden hatte, sei Oberstleutnant Zabolotzki gewesen, und der im ursprünglichen Artikel nicht angeführte Name des Hauptmanns habe Kurbatow gelautet. Oberst Koor zufolge hatte Zabolotzki die Arche gesichtet und die Untersuchung eingeleitet. 1921 hatte Koor mit einem gewissen Leutnant Pjotr Leslin gesprochen und erfahren, daß dieser durch den Chefadjutanten seiner Division „nicht etwa nur gerüchteweise, sondern als verbürgte Tatsache" von der Entdeckung gehört habe, und daß „die Arche Noahs auf dem Sattel zwischen den beiden Gipfeln des Ararat gefunden worden ist".

Koor konnte auch mit Informationen über den späteren Aufstieg des Pionier-Bataillons aufwarten, die er von Boris Rujanski, einem Freund der Familie, erhalten hatte. Rujanski war in den Jahren 1916 und 1917 Feldwebel bei dem Eisenbahn-Bataillon gewesen, das in der Nähe von Dogubeyazit, einige Kilometer vom Ararat entfernt, an der damaligen Eisenbahnlinie stationiert war. Rujanski hatte an der Expedition teilgenommen und bestätigt, daß das Bataillon den Berg Ararat bestiegen hatte.

Koors Bericht war im Vergleich zu Roskowitzkis Artikel insofern umfassender, als er anführte, daß eine der Suchexpeditionen den Berg auf einem schon vorhandenen Pfad bestiegen hatte. Schließlich waren sie an eine Stelle gelangt, von wo aus man auf das riesenhafte, teilweise unter Wasser liegende Schiff hinabsehen konnte. Die andere Truppeneinheit, die zuerst dort angekommen war, hatte dagegen keinen Steig benützt, sondern Stufen in das Eis gehackt. Als dieser Trupp das Schiff erreichte, bekreuzigten sich einige Soldaten, andere fielen auf die Knie und beteten, bevor sie das Schiff betraten. Koors Bericht zufolge war das Innere des Schiffes in Abteilungen gegliedert, und der Boden wies Rostspuren auf, wahrscheinlich von den Eisenstäben, welche die rostigen

Gitter der vielen kleinen und mehreren großen Abteile markierten.

Trotz der hartnäckigen Bemühungen von Eryl Cummings, Dr. John Montgomery, der Oberst Koor 1970 interviewte, und vielen anderen blieben die offiziellen Berichte und Fotos, auf die in den verschiedenen Erzählungen über die Arche-Entdeckung von 1916 Bezug genommen wurde, verschollen. Nicht verschollen sind allerdings eine Anzahl von Interviews und Stellungnahmen, einschließlich der unabhängigen Zeugnisse von russischen Soldaten, die sich daran erinnern, während eines Manövers im Jahr 1917 einige Meter über ihnen auf dem Berg beim Vorbeimarschieren einen schiffsähnlichen hölzernen Bau gesehen zu haben. Die Soldaten bemerkten außerdem, daß das Objekt mit einem Ende in der Schnee- und Eisdecke verschwand.

Der Autor selbst kann sich noch an Gespräche mit geflüchteten russischen Offizieren Mitte der zwanziger Jahre in Paris erinnern. Diese Offiziere waren aus dem Kaukasus-Gebiet geflohen, gemeinsam mit Angehörigen der Armee General Denikins, einem der letzten Generäle, der den Kommunisten so lange Widerstand geleistet hatte, bis nichts mehr übrig blieb als der Rückzug über die Grenze und die Flucht. Einige dieser Offiziere waren in der Türkei im Einsatz gewesen und erinnerten sich noch, einen Bericht über den Fund der Arche auf dem Ararat gehört zu haben. Die Geschichte kursierte unter den Soldaten an der südlichen Front, war aber durch die Nachricht vom Sturz des Zaren und durch die Auflösung der zaristischen Armee in den Hintergrund gedrängt worden.

Noch eine ungewöhnliche Geschichte war damals unter den russischen Offizieren und ihren Familien im Umlauf. Es hieß, die Zarenfamilie wäre dem Massaker von Jekaterinburg im Jahr 1918 entkommen und durch ein Netzwerk von Mönchs- und Nonnenklöstern in das sichere Ausland gebracht worden.

Derartige Erzählungen sind in der stürmischen Geschichte des zaristischen Rußland häufig aufgetaucht. Die russische Geschichte kennt eine beachtliche Zahl von Kronprätendenten, „falschen" Zaren oder „falschen" Thronfolgern, und das Problem ihrer ungeklärten Identität wurde gewöhnlich durch Niederwerfung und Hinrichtung gelöst. Es ist also nur verständlich, daß sich auch um die Familie des letzten Zaren und über einige überlebende Mitglieder des Herrscherhauses solche Sagen rankten. Vor allem über Anastasia, die jüngste Prinzessin, sowie über den Zarewitsch wurden in England und in den USA auch eine Reihe von Büchern veröffentlicht. Ein angeblicher Zarewitsch, von dessen berechtigtem Anspruch nicht nur er selbst, sondern auch eine Anzahl anderer Personen überzeugt waren, trug denselben Namen wie der Sohn des letzten Zaren, Alexej Nikolajewitsch Romanow, und lebte in Phoenix, Arizona, wo er im Mai 1986 starb. Dem Autor gelang es mit Hilfe von Violet Cummings, Eryl Cummings' Frau und selbst Autorin einiger Bücher über die Arche, den Aufenthaltsort von Alexej Romanow ausfindig zu machen, in der Absicht, etwas über die vom Zaren veranlaßte Expedition zu erfahren.

Im folgenden wird ein Auszug aus dem ersten Telefonat des Autors mit Alexej Nikolajewitsch Romanow wiedergegeben. Romanow war zum Zeitpunkt des Gesprächs bei schlechter Gesundheit. Ferner sei darauf hingewiesen, daß Romanows damaliges Alter dem des Zarewitsch entsprochen hätte, wäre dieser noch am Leben gewesen.

Erinnern Sie sich noch daran, daß Sie im Jahre 1916 etwas über die Auffindung der Arche Noah auf dem Berg Ararat gehört haben?

Ja, ich weiß noch, daß über diese Entdeckung geredet wurde. Flieger hatten nahe dem Gipfel ein Schiff gesehen.

Wer hat darüber geredet?

Mein Vater, und die Leute im Schloß.

Wissen Sie noch, ob Ihr Vater, der Zar, davon gesprochen hat, daß er eine Expedition zur Fundstelle der Arche geschickt hat?

Ja, er hat so etwas gesagt. Mein Vater holte den Rat der Duma ein, und ich glaube, die Duma traf die Entscheidung. Armeeoffiziere hatten ihm einen Bericht gesandt. Die Armee war damals in der Türkei stationiert. Ich weiß noch, daß mein Vater sagte, man hätte eine Expedition ausgeschickt.

Stand die russische Armee im Kaukasus unter dem Oberbefehl von Großherzog Nikolaj Nikolajewitsch?

(*Begeistert*) Das war mein Onkel! Wissen Sie, daß er fast zwei Meter zehn groß war? Manchmal hat er mich herumgetragen. Ich habe ihn in Zarskoje Selo gesehen. Das liegt nördlich von Petrograd. An sehr viel kann ich mich nicht erinnern. Ich war damals sehr krank...

Diese Erinnerungen sind hier nur festgehalten, weil sie eine mögliche Bestätigung für die Arche-Expedition von seiten eines Mannes darstellen, der sich für den Sohn des letzten Zaren hielt, und es vielleicht auch war oder jedenfalls aus der Herrscherfamilie stammte. Andere Personen aus der Umgebung des Zaren in Petrograd berichteten ähnliches über Gespräche, an die sie sich noch erinnern konnten.

Auch von Kurden und Türken existieren diesbezügliche Stellungnahmen. Mustafa, ein ehemaliger Schäfer, der heute in Dogubeyazit lebt und seine Zeit hauptsächlich mit Besuchen der Moschee und des Teehauses verbringt, ist jetzt etwas über fünfundachtzig. Im August 1985 wurde er in einem Interview danach gefragt, ob er jemals von einer russischen Expedition zur Arche gehört hätte.

Mustafa gab zur Antwort:
Ja, an etwas kann ich mich sehr gut erinnern. Mein Vater arbeitete bei der Eisenbahn, die die Russen wieder instandsetzen wollten.

Was für Leute arbeiteten dort?

Russen, aber auch Türken und Kurden.

Wußten die Arbeiter irgend etwas von einer russischen Expedition?

Bei Allah! Eines Tages redete jeder darüber. Es war an einem Nachmittag im Spätsommer. Wir hörten laute Schüsse und Hurra-Geschrei von den Russen. Wir im Dorf glaubten, es sei ein Gefecht im Gange, denn die Russen schreien immer „Hurra" bei einem Angriff. Dann kam mein Vater nach Hause gelaufen. Ich weiß noch, daß er früher dran war als sonst. Er sagte, daß die Russen nicht in ein Gefecht verwickelt seien, sondern flaschenweise Wodka tranken und dabei ihre Gewehre und Revolver abschossen, ja sogar ein Maschinengewehr.

Und was, sagte er, war geschehen?

Er erzählte uns, ein Vorarbeiter hätte gesagt: „Wißt ihr nicht, was auf dem Berg geschehen ist? Sie haben die Arche gefunden! Die Leute, die der Zar selbst hinaufgeschickt hat. Es ist ein großer Freudentag für die Russen!"

Waren Sie überrascht?

Allahs Wille geschieht. Wir waren immer davon überzeugt, daß die Arche auf dem Agri Dagh liegt, aber wir hätten nicht gedacht, daß die Russen sie finden würden.

An welcher Stelle soll sie gefunden worden sein?

Nahe beim Küp-See. Aber nach einer Weile zogen die Russen wieder ab. Die Arche muß immer noch dort sein.

Der Bericht Roskowitzkis und bestätigende Aussagen von diversen anderen Seiten wurden natürlich in ihrer Stichhaltigkeit angezweifelt, da handfeste Beweise wie Fotografien, offizielle Berichte und beglaubigte Beweisstücke fehlen. Es ist deshalb auch nicht zielführend, wenn die Verfechter jener Berichte darauf hinweisen, daß das Verschwinden von Unterlagen und Fotografien eine notwendige Folge der einsetzenden Revolutions- und Bürgerkriegswirren gewesen sei. Ein weiterer wesentlicher Faktor wäre auch die Veränderung der religiösen Grundeinstellung in der russischen Bevölkerung im Zuge des Umwandlungsprozesses von einem tiefreligiösen Kaiserreich zu einem zumindest offiziell antireligiösen Verband von Republiken. Dieser Umstand erschwert die Untersuchung eines religiösen Sachverhaltes, ja, er erschwert selbst jede archäologische Untersuchung, die mit religiösen Sachverhalten auch nur in Verbindung steht. Amerikaner, die auf dem Ararat nach der Arche suchen, ebenso wie amerikanische Flugzeuge, die in die Nähe des Ararat geraten, müssen mit Mißtrauen und oft mit Protesten von russischer Seite rechnen, wo offenbar der Eindruck herrscht, amerikanische Forscher nützten ihre Expeditionen für Spionagezwecke.

Ob nun der Bericht von Roskowitzki richtig, falsch oder teilweise richtig ist, fest steht jedenfalls, er bildet die seit vielen Jahrhunderten verläßlichste Quelle für eine Neueinschätzung der Legende um die Arche. Bemerkenswert ist, daß erst *nach* 1916/17 etliche Sichtungen bekannt wurden, die sich vor dem Jahr 1916 ereignet hatten. Es handelte sich dabei um Fälle wie, daß einzelne Personen die Arche aufgesucht hätten oder daß behauene Balken und Pfosten aus einer Höhe weit über der Baumgrenze heruntergeschafft worden seien, sogar das Zeugnis eines Mannes auf dem Totenbett ist überliefert, der seine Erlebnisse aus Angst verschwiegen hatte, und schließlich die Aussagen von Personen, die die Arche zwar gesehen, danach aber versucht hatten, deren Existenz zu leugnen (siehe Kapitel 6).

Viele der späteren Ararat-Besteigungen wurden angeregt durch weitere Sichtungen der Arche aus der Luft während der Zwischenkriegszeit, des Zweiten Weltkrieges und danach. Soweit sich feststellen läßt, hatte keiner dieser Versuchsflüge von Militärflugzeugen, Hubschraubern, Satelliten und Raumfahrzeugen zum Ziel gehabt, den Standort der Arche zu erkunden, vielmehr stieß man in manchen Fällen unvermutet darauf und in anderen ließ sich auf Luftaufnahmen ein schiffsähnlicher Umriß erkennen. Luftaufnahmen oder Satellitenbilder zeigten angeblich ein großes Schiff auf der Flanke des Berges, allerdings konnte der Öffentlichkeit bis heute keine Fotografie vorgelegt werden, auf der eindeutig ein Holzschiff auf dem Ararat zu identifizieren wäre.

Im Zuge der Nachschubunternehmen zwischen den USA und der UdSSR im Zweiten Weltkrieg kam es zu einem regen Luftverkehr zwischen dem amerikanischen Hauptstützpunkt in Tunesien und dem russischen in Eriwan in der Armenischen Sowjetrepublik. Im Jahr 1943 glaubten zwei amerikanische Piloten auf einem Flug, der sie in die Nähe des Ararat führte, Tausende Meter unter sich etwas zu sehen, was in seinen Umrissen einem großen Schiff glich. Später flogen sie dieselbe Route noch einmal in Begleitung eines Fotografen des Fliegerkorps. Dieser machte eine Aufnahme, die laut verschiedenen Aussagen in der Folge auf der Titelseite der Mittelmeerausgabe von *Stars und Stripes*, der Zeitung der amerikanischen Streitkräfte, veröffentlicht wurde. Dieses Titelfoto von *Stars und Stripes* ist nur eines von mehreren Fotos, die während des Zweiten Weltkrieges von amerikanischen, australischen und vor allem von russischen Piloten gemacht worden sein sollen. Es gibt eine ganze Reihe von Personen, die sich an diese Bilder erinnern, aber keines davon ist noch vorhanden. In der Zeit, als der Munitionsnachschub über eine Luftbrücke erfolgte, haben angeblich einige russische Piloten alliierten Fliegern Bilder eines großen Schiffes auf einem eis- und schneebedeckten Berg gezeigt, mit der Erklärung, es handle sich um Fotografien der Arche. Aber in allen Fällen weigerten sich die russischen Piloten, diese Fotos aus der Hand zu geben, eine verständliche Reaktion, wenn man die eifrigen antireligiösen Aktivitäten des Sowjetregimes in Rechnung stellt. Auch die Aufnahmen von amerikanischen Fliegern sind anscheinend verschwunden, einschließlich jenes Titelfotos von *Stars und Stripes*, das wahrscheinlich irgendwo in alten Aktenordnern mit den Mittelmeerausgaben von 1943 vergraben ist. Alles in allem ist durchaus denkbar, daß auf diesem Foto lediglich eine vulkanische Felsformation zu sehen ist, die sich nicht auf dem Ararat befindet, sondern rund dreißig Kilometer entfernt und die erstaunlicherweise tatsächlich annähernd die Gestalt und Ausmaße der legendären Arche aufweist.

Im Spätfrühling oder Sommer 1960 bemerkten amerikanische Piloten einen schiffsähnlichen Bau auf der Flanke des Ararat. Diese Piloten gehörten der 428. taktischen Fliegerstaffel an, die in Adana in der Türkei stationiert war und unter dem Oberbefehl der NATO stand. Die türkischen Verbindungsoffiziere hatten den Amerikanern von der Arche erzählt und sie bei einigen routinemäßigen Aufklärungsflügen am Ararat vorbeigelotst. Diese Piloten hatten nicht die Zeit für gute Aufnahmen, galt es für sie doch, den Berg rasch zu umrunden, bevor ihnen noch ein russischer Luftspäher auf der anderen Seite der Grenze übermäßige Aufmerksamkeit schenken konnte.

Kapitän Gregor Schwinghammer, damals Leutnant und

heute Pilot der Zivilluftfahrt, der, wie in *Weltuntergang 1999* beschrieben wurde, ein kahnähnliches Objekt gesehen hatte, berichtete im Jahre 1981 dem Autor, er hätte den Ararat gemeinsam mit einem türkischen Verbindungsoffizier gegen den Uhrzeigersinn umrundet und dabei etwas wie einen „riesigen Güterwagen oder einen rechteckigen Kahn in einer Wasserrinne ... hoch oben auf dem Berg" gesehen. Kapitän Schwinghammer führte weiter aus, daß dieses Objekt nicht festsaß, sondern beweglich war, und beim Heruntergleiten über den Berghang steckengeblieben sein mußte. Er erinnerte sich daran, später im Klub des Stützpunktes gehört zu haben, daß dieses Objekt von U-2 Piloten, noch bevor das U-2 Programm mit dem Abschuß von Gary Powers und dessen Gefangennahme durch die Sowjets ein unerwartet schnelles Ende gefunden hatte, fotografiert worden wäre.

Der Autor selbst hat nach seiner Rückkehr von einer Forschungsreise in das Araratgebiet im Jahre 1985 noch einmal mit Kapitän Schwinghammer und anderen ehemaligen Piloten der 428. taktischen Fliegerstaffel gesprochen, um festzustellen, ob sich Schwinghammers Erinnerungen an das im Eis festsitzende Schiff mit Berichten von späteren Sichtungen deckten.

Was hielten die anderen Piloten von Ihren gemeinsamen Beobachtungen?

Wir haben uns nach den Flügen oft in der Bar darüber unterhalten. Einige der Piloten meinten, es sei die Arche, andere wußten nicht, was sie von der Sache halten sollten. Ich war nicht davon überzeugt, daß es sich um die Arche handelte, was ich hingegen sicher wußte, war, daß ich hoch oben auf dem Berg ein großes, rechteckiges Bauwerk, ähnlich einem Kahn oder einem Schiff gesehen habe.

Wie weit waren Sie von dem Objekt entfernt, als Sie es sahen?

Wir gingen gerade von 1 500 Meter hinunter, ich glaube, wir waren auf 1 000 Meter, als wir es zum ersten Mal sahen. Ich weiß noch, daß wir 380 Knoten flogen. Der türkische Pilot sagte zu uns: „Dort soll angeblich die Arche Noah liegen. Schauen Sie, da! Jetzt sieht man sie!" Meiner Schätzung nach sah ich sie aus einem Winkel von 45 Grad. Das Schiff muß in einem Neigungswinkel von 45 oder 30 Grad zum Hang gelegen haben.

Haben Sie Aufnahmen gemacht?

Nein. Die Zeit drängte. Unser Treibstoffvorrat reichte für zwei Stunden, und mit der F-100 brauchten wir bis zu der Stelle fünfundvierzig Minuten. Wir schafften gerade einen Rundflug. Außerdem mußten wir sehr vorsichtig sein. Eine Radarstation der Russen lag direkt an der Grenze. Erst unlängst war eine C-130 abgeschossen worden. Der Pilot war ein gewisser Dick Skiddip.

Wo auf dem Berg befand sich Ihrer Erinnerung nach das Schiff?

Das läßt sich mit Hilfe einer Karte ungefähr bestimmen: Die Stelle liegt etwa 1 200 Meter vom Gipfel entfernt auf dem Südosthang, vielleicht achtzig Grad von Norden aus.

Glauben Sie, daß man die Arche noch sieht?

Ich glaube, sie liegt meist unter Schnee und Eis, und wir haben sie genau zu dem Zeitpunkt gesichtet, als ein Teil des Schiffes zum Vorschein kam. Ich weiß, daß ich einen rechteckigen Bau gesehen habe, der einem Schiff ähnelte. Wir waren eben genau zur richtigen Zeit am richtigen Ort.

Andere Piloten der Einheit erinnern sich daran, an Flügen über den Ararat teilgenommen oder gehört zu haben, daß Piloten auf dem Berg ein schiffsähnliches Objekt gesehen hatten.

Der damalige Oberleutnant Ben Bowthorp:
Ich war damals stellvertretender Stützpunktkommandant. Greg (Schwinghammer) war zur gleichen Zeit dort stationiert. Ein türkischer Pilot erzählte uns, daß die Arche auf der Bergflanke liege. Mir erschien das durchaus wahrscheinlich. Wir unternahmen einige Flüge in der Umgebung, schauten uns ein paar Schlösser und Ruinen an, aber auf dem Ararat sahen wir ganz etwas anderes. Es lag ungefähr auf Zweidrittelhöhe des Berges, bestand aus Holz und glich einem Schiff oder einer hölzernen Wand mit den Konturen eines Schiffes. Ich weiß nicht, wer von uns zuerst behauptete, es sei die Arche Noah. Wir debattierten alle darüber. Die meisten von uns hielten es für möglich, denn schließlich soll die Arche ja dort gelandet sein.

Kapitän Lloyd Hawkins:
Ich war damals stellvertretender Staffelkommandant und hörte sogleich von dem Vorfall. Ich hielt das ganze für recht unglaubwürdig, aber ich erinnere mich genau, daß erzählt wurde, einige Piloten hätten auf dem Berg etwas Ungewöhnliches gesehen.

Oberst Robert Phillips, damals Oberleutnant:
Ich war in eine Staffel nach Adana versetzt worden. An der Bar kam mir das Gerücht zu Ohren, daß einige Piloten auf dem Berg die Umrisse eines Objektes gesehen hätten, das einem großen Schiff oder Kahn ähnelte. Mir bot sich keine Möglichkeit, mich selbst davon zu überzeugen, denn wir hatten Befehl, den Ararat zu meiden – wegen der U-2 Geschichte.

Oberst J. L. Pemmington, damals Oberleutnant:
Von Zeit zu Zeit machten wir Ausflüge in die Umgebung oder gingen auf Wildschweinjagd. Ich erinnere mich schon

daran, daß einige Piloten behaupteten, die Arche gesehen zu haben. Aber das ist alles schon so lange her...

Oberst Bradley Tellshaw, damals Leutnant:
Ich habe einmal an einem Flug in der Ararat-Region teilgenommen. Ich weiß, irgend etwas habe ich gesehen – eine ungewöhnliche Silhouette auf dem Berg, aber was es war, konnte ich nicht feststellen.

Personen, die die Arche gesehen haben wollen, haben gelegentlich Skizzen davon angefertigt oder ihren Anweisungen gemäß anfertigen lassen. Als William Crouse, Ararat-Forscher und Pfarrer von Probe Ministries, Kapitän Schwinghammer die Broschüre *The Search for Noah's Ark* (J. Bitzer, Probe Ministries 1985), worin die Forschungstätigkeit auf dem Ararat und die im Jahre 1985 aufgetretenen Schwierigkeiten beschrieben werden, übersandte, kam es zu einer auffälligen Übereinstimmung. Die Broschüre enthielt eine Skizze der Arche, die Elfred Lee, ein langerfahrener Ararat-Forscher, nach Angaben eines Augenzeugen gezeichnet hatte. Dieser Augenzeuge, der Armenier George Hagopian, ein ehemaliger Hirte, behauptet, im Alter von zehn Jahren zur Arche hinaufgestiegen zu sein und sie außerdem auch noch später mehrmals gesehen zu haben. Hagopian versichert sogar, daß er auf dem Deck des Riesenschiffes herumgegangen sei.

Schwinghammer, dem das Bild, das man Lee angegeben hatte, unbekannt war, hatte unabhängig davon schon vorher einen Bekannten gebeten, eine Skizze des von ihm, Schwinghammer, gesehenen Objektes anzufertigen. Beide Zeichnungen waren im wesentlichen identisch – die im Schnee steckende Arche, die Lage eines Felsvorsprungs, ja sogar die Gestalt des Kahns oder Schiffes – abgesehen von einigen Öffnungen im oberen Teil, die allerdings so klein sind, daß man sie nur vom Boden und nicht vom Flugzeug aus sehen kann. Pilot und Hirte, die einander nicht kannten, hatten dasselbe im Eis eingeschlossene Schiff gesehen und beschrieben, offenbar zu einer Zeit, als es teilweise aus dem Eis herausragte.

So faszinierend die Tatsache ist, daß zwei verschiedene Augenzeugen ähnliche Beschreibungen der Arche gegeben haben, so enttäuschend ist es immer wieder für die Erforscher des großen Schiffes, daß Fotografien fehlen oder im Laufe der Zeit verlorengegangen sind.

Die mysteriösen Umstände, unter denen manche Fotografien verschwunden sind, verleihen der Arche-Forschung et-

Route, die Leutnant Schwinghammer in einer F-100 um den Ararat flog. Dargestellt ist die Bergflanke nahe der Ahoraschlucht, wo er ein schiffsähnliches Objekt sichtete. Zeichnung © *Achmed Ali Arslan, 1986*

was von einer James-Bond-Geschichte. Im Jahre 1952 unternahm der Erdöltechniker George Jefferson Greene für eine Ölfirma einen Erkundungsflug in die Gegend des Ararat. Plötzlich bemerkte Greene einen Gegenstand, der aussah wie ein aus dem Eis ragender Schiffsbug. Der Hubschrauber befand sich über der Nordostflanke des Berges, wo die Arche oft gesichtet worden war. Greene gab dem Piloten Anweisung, den Hubschrauber bis auf dreißig Meter an das Objekt heranzumanövrieren, und verknipste unterdessen aufgeregt einen ganzen Film. Als Greene die Aufnahmen entwickelte, stellte er fest, daß die Bilder in einer Rinne nahe einem steilen Abhang ein schiffsähnliches Objekt zeigten, das teilweise im dahinterliegenden Gletscher verschwand. Also genau die Beschreibung, die schon von anderen Augenzeugen bekannt ist. Angeblich waren die Aufnahmen aus so großer Nähe gemacht worden, daß man sogar die verleimten Planken des Schiffes hatte erkennen können.

Greene fertigte etliche Abzüge an und zeigte sie seinen Bekannten, um auf diese Weise Unterstützung für eine eigene Expedition zu erhalten. Vergeblich, wie Archeforscher Eryl Cummings sagt. Die Expedition hat nie stattgefunden.

Später ging Greene nach British Guayana, wo er bei einer Bergwerksgesellschaft arbeitete. Dort wurde er, angeblich während eines Raubüberfalls, im Jahr 1982 ermordet. Seine Wertsachen, worunter sich vielleicht auch die Nahaufnahmen der Arche befanden, wurden nie gefunden. Obwohl Cummings etliche Personen, die Greenes Fotografien gesehen haben wollen, kontaktierte, tauchte nie auch nur ein einziger Abzug davon auf.

Mit dem Einsatz von Weltraumsatelliten und Raumfahrzeugen, die detaillierte Bilder eines großen Bereiches der Erdoberfläche lieferten, konnte man hoffen, daß einige der Ararat-Aufnahmen, insbesondere von den Stellen, an denen Sichtungen stattgefunden hatten, Hinweise auf die Arche geben würden. Ein Bild des *Earth Research Technical Satellite* (ERTS) aus dem Jahre 1974 zeigt nach vielfacher Vergrößerung an der Bergflanke in ungefähr 4 600 Metern eine ungewöhnliche Formation. Auf diese Aufnahme des ERTS nahm Senator Frank E. Moss, damals Vorsitzender des *Senate Aeronautical and Space Sciences Committee* in einer Rede vor der *Utah Section of the American Congress on Surveying and Mapping* Bezug. Er stellte fest, daß ein ungewöhnliches Objekt in einer der Felsspalten des Berges „ungefähr die richtige Gestalt und Größe besitzt, um die Arche zu sein". Die Region wurde aus einer Höhe von 7 500 bis 8 000 Metern fotografiert, und die Ausformung der Gletscherspalte entspricht den Schilderungen der Piloten, welche die Arche oder irgendein anderes außergewöhnliches Objekt gesichtet haben. Aber kein Gegenstand, der aus solcher Höhe gesehen wird, kann auch bei vielfacher Vergrößerung mit Sicherheit identifiziert werden, noch dazu wenn er halb von Schnee verdeckt ist oder im Schatten der Felsen liegt.

Eines aber ist sicher. Was es auch ist, die Möglichkeit einer optischen Täuschung, der ein übermüdetes Auge, nicht aber eine hochentwickelte Kamera erliegen kann, muß ausgeschlossen werden. In der Zukunft könnte eine Erkundung aus der Luft, besonders unter Einsatz von Hubschraubern und zur Zeit der Gletscherschmelze, zur Entdeckung des verborgenen Schiffes in der oberen Bergregion führen, wo es mehrere Personen gesehen, aufgesucht und sogar berührt haben wollen.

Wenn auch deutliche Aufnahmen oder überhaupt Aufnahmen von der Arche auf dem Ararat fehlen, so gibt es dagegen zahlreiche Fotografien einer angeblichen Arche, die sich rund dreißig Kilometer vom Ararat entfernt auf einem kleineren Massiv befindet. Diese „andere" Arche zeigt eine überraschende Ähnlichkeit mit der in der Bibel beschriebenen Arche und kann, anders als die Ararat-Arche, relativ einfach aufgesucht und fotografiert werden (vorausgesetzt, man besitzt eine Genehmigung der örtlichen Behörde), indem man sich ein Taxi mietet und sich zu den Akyaylabergen bringen läßt. Diese Arche hat seit ihrer Entdeckung im Jahr 1959 und vor allem nach dem Aufsehen, das sie während der zwei vergangenen Jahre in Presse und Fernsehen erregte, einen großen Bekanntheitsgrad erreicht. Es gibt eine Theorie, wonach diese Arche entweder versteinert und so in die Bodenschichten übergegangen ist oder unter dicken Schlammschichten begraben liegt. Zur Unterscheidung von der vielleicht auf dem Ararat befindlichen Arche könnte man sie am ehesten als das „verschüttete" Schiff oder die „verschüttete" Arche in der Nähe der Tendürekberge bezeichnen, und mit ihr befaßt sich das nächste Kapitel.

4

Vulkankegel oder Grabhügel der Arche?

Jene, die zu den Völkern der „Buchreligionen" zählen, sind von Kind an zum Glauben an die Arche Noah erzogen worden. Diese Legende, wenn es eine Legende ist, ist wesentlich überzeugender als andere Geschichten des Alten Testamentes, wie zum Beispiel die Geschichten von Jona und dem Wal, von der Schlange im Paradies und dem hohen Alter der Patriarchen. Denn der Berg Ararat besteht noch, und seit Jahrtausenden wissen die Menschen um Noahs Arche. Wann immer deshalb aus der Luft, der Ebene oder vom Vorgebirge aus irgendwelche außergewöhnlichen Beobachtungen auf dem Ararat gemacht werden, bringt man sie wahrscheinlich mit der Arche in Verbindung. Die Beobachter sind, auch wenn ihnen dies nicht bewußt ist, soweit beeinflußt, daß sie an das Vorhandensein der Arche glauben.

Eine Entdeckung aus dem Jahr 1959 erfolgte im Zuge eines routinemäßigen Aufklärungsfluges der türkischen Luftwaffe. Die Aufnahmen, die der Pilot A. Kurtis aus einer Höhe von rund 3 000 Metern machte, wurden an das Hauptquartier geschickt, zur Begutachtung durch einen für die Bildauswertung zuständigen Kapitän. Ein Foto war darunter, das dessen Aufmerksamkeit erregte: Seine Besonderheit bestand darin, daß es in dem sonst stark zerklüfteten Gebiet einen langgezogenen, ovalförmig ausgeprägten, sanften Hügel zeigte. Diese hügelähnliche Formation schien von einer Bodenwelle umgrenzt zu sein. Die Aufnahme war rund dreißig Kilometer südlich des Ararat gemacht worden. Ararat! Während der Kapitän noch auf das Foto starrte, bemerkte er, daß das Oval des Hügels der Form eines Schiffes glich. Die aufsteigenden Seiten schienen den Schanzdecks eines Schiffes zu ähneln, und der Bug zeigte zu den Gipfeln der Tendürekberge. Der Kapitän grübelte noch über die Ausmaße der seltsamen Formation nach, als ihm die wohlbekannten Anweisungen einfielen, die Gott der Überlieferung nach Noah erteilt hatte: „Dreihundert Ellen sei die Länge, fünfzig Ellen die Breite und dreißig Ellen die Höhe."

Eine zwei Tage dauernde Vermessung des merkwürdigen Hügels durch türkische Ingenieure ergab für die „Arche" eine Länge von rund hundertfünfundsechzig Metern, eine Breite (in der Mitte) von fünfzig Metern und eine Höhe von fünfzehn Metern. Diese Maße können ungefähr als übereinstimmend mit den biblischen angesehen werden, wenn man bedenkt, daß die Seitenwände der Arche im Verlauf der vielen Jahrhunderte geborsten sein könnten, während die starken Holzbalken des Rumpfes standgehalten haben. War dies der Fall, dann haben sich im Schiffsrumpf Schlamm, Steine und Lavaablagerungen gesammelt, und der Rumpf hat seine ursprüngliche Gestalt bewahrt, die sich deutlich von dem rauhen Gelände abhebt. Sogar die größere Breite des Schiffes wäre erklärbar unter der Voraussetzung, daß sich in einer Gegend, die für Erdrutsche, Vulkanausbrüche und Erdbeben bekannt ist, Lehm und Steine an den „Schiffswänden" abgelagert hatten und in der Folge zu einer festen Ummantelung geworden waren. Wo aber war die Arche geblieben? Das erste türkische Team fand keine Hinweise auf ein Bauwerk. Wenn die Arche tatsächlich an diesem Platz lag, dann war sie begraben unter ihrer Verschalung, die ihr gleichzeitig als Grabhügel diente.

Eine Expedition amerikanischer Wissenschaftler und Forscher unter der Schutzherrschaft türkischer Offiziere, weshalb sie als türkische Expedition galt, untersuchte den Hügel der „Arche" in den frühen sechziger Jahren. Mitglieder dieser Expedition waren unter anderem Professor Arthur Brandenberger, Spezialist für Fotogrammetrie am Ohio State College; Dr. Siegfried, Archäologe am Chicago Oriental Institute; René Noorbergen, internationaler Zeitungskorrespondent und Schriftsteller, die Geschäftsleute Hal Thompson und William Bishop und George Vandemann, Archeforscher und Expeditionsleiter. Zu der türkischen Begleitmannschaft zählten Major Maykal und Kapitän Durupinar, jener Spezialist für Luftbildauswertung, der als erster auf das Phänomen aufmerksam geworden war, sowie ausgewählte Offiziere und Soldaten des 3. türkischen Kavallerieregimentes. Die Teilnahme von Geschäftsleuten und Personen, die einfach an die Arche glaubten, wird eine Besonderheit auch der vielen späteren Arche-Expeditionen bleiben.

In dieser Hinsicht unterscheidet sich die Suche nach der Arche von jeder Schatzsuche. Es geht hier weder um Gold noch um Schätze, aus denen man unmittelbar Profit schlagen könnte, wie etwa im Falle der gesunkenen spanischen Schatzschiffe, der im Dschungel versunkenen Städte, der Schätze in uralten Gräbern, der verschollenen Gold- und Silberminen oder der Grabschätze der Pharaonen. Mit Ausnahme des von Fürst Nouri überlieferten Planes, die Arche abzutransportieren und auf der Weltausstellung in Chicago wiederaufzubauen, erfolgt die Suche nach der Arche primär aus geistigen und erst sekundär aus archäologischen Beweggründen. Wenn man Archesuchern begegnet, so ist man beeindruckt durch ihren Glauben und die Willenskraft, mit der sie sich dafür einsetzen, den Beweis für die Existenz der Arche auf dem Ararat zu erbringen.

Die Expedition stellte eingehende Vermessungen der Arche an und kam auf Werte, die den in der Bibel genannten ungefähr entsprechen. Einige Abweichungen können auf die divergierenden Umrechnungszahlen für das Ellenmaß zurückgeführt werden. Ebenso könnte die übermäßige Breite des Objektes erklärt werden durch das Bersten des Schanzdecks, nachdem sich die Arche mit Erdreich gefüllt hatte und von Lava- und nachfolgenden Erdschichten bedeckt worden war.

Nach einigen Debatten faßten die Expeditionsmitglieder den Entschluß (nicht einstimmig, wie man annehmen muß, wenn man die Anwesenheit von Archäologen berücksichtigt), einen Teil der angeblichen Arche zu sprengen, um festzustellen, ob sich Spuren einer Holz- oder Metallkonstruktion, Pechreste oder unversehrte Innenpfosten zeigten, die mit den Berichten und Überlieferungen über die Arche Noah übereinstimmten. Soldaten der Militäreskorte brachten Dynamitladungen an und zündeten sie, doch man entdeckte weder Innenkammern noch eindeutige Hinweise auf Pfosten, obwohl später behauptet wurde, es hätten sich unter dem Schutt Reste verrotteten Holzes gefunden.

So hatte sich offenbar gezeigt, was später allgemeine Zustimmung fand, daß nämlich die „Phantom-Arche" nichts war als eine natürliche Bodenerhebung aus erstarrter Lava oder Schlamm in einem Erdbebengebiet und keineswegs die wirkliche Arche Noah bzw. deren fossilierter Abdruck. Trotzdem hatte dieser Lava- und Erdhügel eine erstaunliche Ähnlichkeit mit dem Rumpf eines altertümlichen Schiffes auf dem Meeresboden, nur daß es sich um den ehemaligen Meeresboden handelt, wie die Muschel- und sonstigen Meeresfossile der Region bezeugen.

Dieses archeähnliche Gebilde blieb in der Zeit von 1960 bis 1984 relativ unbeachtet, während eine große Anzahl von Forschern, Bergsteigern und Archefanatikern die Ararat-Expeditionen fortsetzten.

Unterdessen erschienen ab und zu Fotografien der „Phantom-Arche" in den Boulevardblättern, gewöhnlich die türkische Aufnahme aus dem Jahr 1959, die, mitunter kräftig retuschiert, als Luftaufnahme türkischer oder russischer Piloten ausgegeben wurde.

Im Jahre 1984 konnte sich die verschüttete Arche eines wiedererwachten Interesses der Weltpresse erfreuen. Ursache dafür war eine Expedition, die das Objekt untersucht und Gesteins-, Lava- und Bodenproben mitgenommen hatte. Angeführt wurde diese Expedition von Marvin Steffins, dem Präsidenten von *International Explorations* und Ronald Wyatt, einem Anästhesisten, der die Grabungsstätte schon in früheren Jahren aufgesucht hatte.

Nach Ankara zurückgekehrt, verkündete Steffins, es handle sich bei dem bootsförmigen Gebilde tatsächlich um die Arche, und er hätte eine Reihe von Proben, in Säcke verpackt, von der Expedition mitgebracht. Diese Proben bestanden aus Holz, Erde und Steinen, die er nach seiner Rückkehr in die Vereinigten Staaten untersuchen lassen wollte. Auch Wyatt hatte Proben mitgebracht und beabsichtigte, sie in Knoxville, Tennessee, analysieren zu lassen.

Da kein wertvoller antiker Gegenstand (eine untertreibende, aber immerhin treffende Bezeichnung für die Arche) aus dem Fundland ausgeführt werden kann, ohne daß mit Schwierigkeiten von Seiten der jeweiligen Regierung zu rechnen ist, wurde Steffins, als er die Türkei verlassen wollte, von der türkischen Behörde, die sehr bald von den Säcken erfahren hatte, auf dem Istanbuler Flughafen aufgehalten. Man fand kein Schmuggelgut, sondern nur vier Kilogramm Steine, Sand und Erde, an sich völlig harmlos, aber dennoch türkisches Eigentum. In der Zwischenzeit hatte Wyatt seine Proben nach New York gebracht und bei einer Pressekonferenz gezeigt. Diese Aneignung nationalen Eigentums löste in der Türkei eine beachtliche Pressekampagne aus. Ein Leitartikel der englischsprachigen *Turkish Times* tadelte nicht nur die Entnahme der Proben, sondern auch die Rücksichtslosigkeit der Ausländer gegenüber den Sitten, Gebräuchen und Gesetzen einer anderen Nation, und fügte mit einer geschickten Bezugnahme auf die Sintflut hinzu: „... ohne diese Rücksichtnahme sinken wir auf das Niveau unzivilisierter Kreaturen ab, zu deren Vernichtung Gott die Sintflut gesandt hat."

Dieser Vorfall, der auch den Abbruch anderer Expeditionen zur Folge hatte, erhielt bald eine außerweltliche Dimension. Oberst Irwin, der weltbekannte Astronaut, der auf dem Mond spazierengegangen war, hatte ein Musterexemplar jener Mondsteine, wie er sie bei seinem Mondspaziergang eingesammelt hatte, in seinem Gepäck mitgeführt. Auch dieser Gesteinsbrocken wurde von den türkischen Behörden beschlagnahmt, auf den Verdacht der illegalen Ausfuhr hin untersucht und erst wieder freigegeben, nachdem Oberst Irwin erklärt hatte, daß es sich weder um ein archäologisches Fundstück noch um türkischen Besitz handelte, ja, daß der Stein nicht einmal von dieser Erde sei.

Im März 1985 wurde die Phantom-Arche neuerlich untersucht. Diesmal verwendete man das weiterentwickelte Modell eines Molekülfrequenz-Scanners, um festzustellen, ob der Hügel eine dichte Masse oder Metalle enthielt. Der Molekülfrequenz-Scanner arbeitet nach demselben Prinzip wie der CAT-Scanner, der in Krankenhäusern zur Ortung von Tumoren eingesetzt wird. Das Gerät wurde von David Fasold in die Türkei gebracht, einem Mann, der sich jahrelang mit der Arche beschäftigt hatte und fest davon überzeugt war, daß sie nicht auf dem Ararat, sondern auf einer niedrigeren Bergkette ungefähr dreißig Kilometer vom Ararat entfernt liegt. Fasold ist ehemaliger Offizier der Handelsmarine, ein erfahrener Tiefseetaucher, der lange mit Unterwasserradar zur Identifizierung von Schiffswracks gearbeitet hat. Er kennt das Meer zwar besser als die Berge, ist aber, wie er sagt, überzeugt, daß „ich ein Schiff wohl noch erkennen werde, ob es nun unter Wasser oder unter der Erde liegt".

Fasold und Wyatt suchten die verschüttete Arche im März auf und mußten sich den Weg durch tiefen Schnee bahnen. Fasold hatte den Scanner mitgebracht und stellte zur allgemeinen Genugtuung fest, daß sich in dem Hügel unter dem Schnee irgendein massiver Gegenstand befand. Bestimmte Linien, in gewissen Intervallen von anderen Linien überlagert, wiesen auf das Vorhandensein von Eisen hin. Nach diesen Ergebnissen war Wyatt unmittelbar davon überzeugt, die Arche vor sich zu haben. Bei dem Eisen, so meinte er, handelte es sich um Reste großer Nägel, mit denen man Balken befestigt hatte, oder auch um die Gitterstäbe von Tierkäfigen.

Als sie auf ihrem Weg nach Ankara im Restaurant einer Tankstelle haltmachten, fragten die einheimischen Bus- und Lastwagenfahrer, weshalb sie so sonnenverbrannt wären, worauf ihr Chauffeur antwortete: „Diese Amerikaner sind Helden! Sie haben eine Maschine, mit der sie die heilige Arche entdeckt haben." Diese etwas voreilige Behauptung brachte ihnen Segenswünsche, freies Essen und etliche Runden Raki ein.

Im darauffolgenden Juni kamen Fasold und Wyatt in Begleitung von Dr. John Baumgardner, einem NASA-Forscher aus Los Alamos, in die Türkei zurück. Dieses Mal, nicht vom Schnee behindert, stellten sie entlang der Metallpunkte neun Querlinien fest, im rechten Winkel zu dreizehn langen Linien verlaufend, die offenbar einen riesigen Schiffsrumpf anzeigten, gewölbt wie bei Schiffen üblich und nicht kastenförmig. Die den Kiel bezeichnende Linie neigte sich zehn Grad nach Norden zum Ararat hin.

Nun beschloß man, daß Fasold in die Vereinigten Staaten zurückkehren, von der *Geophysical Survey Inc.* ein High-Tech Grenzschicht-Radar, wie es auch von der NASA verwendet wird, leasen und in die Türkei bringen sollte. Ein solches Instrument würde von dem, was der Scanner nur schematisch angezeigt hatte, Fotografien liefern. Es konnte Objekte bis zu fünfzehn Meter Tiefe erfassen und würde ganz deutlich wiedergeben, was sich im Inneren des Hügels befand. Für den Einsatz dieses Grenzschicht-Radars außerhalb der Vereinigten Staaten war eine Sondergenehmigung der NASA erforderlich, ebenso wie die Erlaubnis der türkischen Regierung zum Einsatz des Gerätes auf türkischem Boden eingeholt werden mußte.

Im August, während das Forscherteam auf die Ankunft des Grenzschicht-Radars wartete, wurden nochmalige Untersuchungen vorgenommen. Die Gruppe setzte sich jetzt aus folgenden Mitgliedern zusammen: Baumgardner, Mahlon Wilson, der eine Kernbohrmaschine mitgebracht hatte, Tom Fenner, ein Geologe, der mit dem Grenzschicht-Radar arbeiten sollte, und George Hause, der Fotograf der Expedition. Das Scanner-Experiment wurde wiederholt, und nach einer Reihe von Sondierungen spannte man Bänder über die Phantom-Arche, die den Linien entlang den vermuteten Metallkonzentrationen folgten. Für die von Osten nach Westen verlaufenden Linien verwendete man orangefarbene Bänder; für die Nord-Süd-Linien gelbe. Nachdem man die Bänder an den entsprechenden Stellen befestigt hatte, glich das Objekt mehr denn je einem Schiff. Einige damals anwesende Skeptiker behaupteten, die Linien hätten auch die Umrisse eines Schiffes markiert, als fallweise der Metalldetektor ausgeschaltet war. Eine psychologische Unterstützung für diese ersten Tests stellten Ron Wyatts laufende Kommentare für Presse, Fernsehen und andere Beobachter dar. Einmal bemerkte er, als er über eine Erhebung zwischen den Bordseiten schritt, daß er sich genau oberhalb der Kapitänskajüte befände, und später sagte er im Zusammenhang mit den von den Bändern bezeichneten Linien, diese bezeichneten die Eisenstäbe, welche zu den nunmehr begrabenliegenden Tierkäfigen der Arche gehört hätten.

Fasold kehrte mit dem Radargerät und den notwendigen

Genehmigungen nach Dogubeyazit zurück, mußte aber nach seinem Eintreffen erfahren, daß der Ararat und das umliegende Gebiet wieder einmal zum Sperrgebiet für Ausländer erklärt worden war, da Terroristen einige Expeditionen in den oberen Regionen des Ararat gefangengenommen, deren Ausrüstung beschlagnahmt und sie dann mit Waffengewalt zur Umkehr gezwungen hatten (siehe Kapitel 5).

Obwohl türkische Kommandos die Rebellen bald zerstreuten und gefangennahmen, blieb das Verbot von Expeditionen aufrecht. Fasold konnte daher sein Gerät nicht einsetzen, machte aber im Sommer 1986 einen neuen Versuch (siehe Kapitel 10). Dazu muß bemerkt werden, daß das Gerät auch im Falle, daß schließlich keine Hinweise auf ein unter dem Erdhügel begrabenes Schiff auftauchen würden, an den anderen möglichen Fundstellen auf dem Berg selbst eingesetzt werden könnte, da es mit ebensolchem Erfolg Formen, Ausmaße und Einzelheiten von Gegenständen unter Schnee, Eis oder Wasser anzeigen kann.

Fasold nimmt an, daß der Ort, an dem die verschüttete Arche liegt, identisch ist mit dem Berg Judi, der im Koran als Landeplatz der Arche genannt wird, heißt doch arabisch Djuod einfach „die Höhen", was auch im Einklang mit der biblischen Überlieferung stünde, die nicht ausdrücklich vom „Berg Ararat" spricht, sondern das „Gebirge Ararat" erwähnt. Obwohl es normalerweise heißt, der Archehügel befinde sich in den Tendürekbergen, ist genau genommen die nahegelegene Akyaylakette gemeint, die sich ziemlich nahe bei Dogubeyazit von Nordwesten nach Südosten erstreckt. Der Abschnitt der Hügelkette, in dem die Arche liegt, wird mit „Mahser" bezeichnet, also „Tag des Weltgerichtes" – ein Name, der an Ereignisse erinnert, die sich nach der Überlieferung vieler Völker in dieser Gegend abgespielt haben.

Das Objekt liegt in einer Höhe von 2 100 Metern, also wesentlich niedriger als die angebliche Arche auf dem Ararat.

Fasold allerdings stellte die Theorie auf, daß es aus ursprünglich größerer Höhenlage nach der Sintflut abgerutscht sei. Und dieses Abrutschen habe auch dazu geführt, daß es von Schlamm und Sand begraben worden sei, wodurch es in einem Verkieselungsprozeß versteinert und damit in seiner Form erhalten geblieben sei. Es könnte durch den riesigen Felsen blockiert worden sein, der, noch heute sichtbar, das Objekt an der Seite, die sozusagen die backbordseitige Schiffswand darstellt, durchbohrt. Fasolds Auffassung nach wurde die verschüttete Arche deshalb nicht früher entdeckt, weil sie an einer ganz unvermuteten Stelle liegt. Seit ihrer Entdeckung aus der Luft hat sich die Arche allerdings durch Erdbeben gehoben, das sie umgebende Erdreich wurde abgetragen, und die Gestalt des großen Schiffes trat deutlicher hervor.

Sollte sich tatsächlich herausstellen, daß es sich bei diesem Objekt um den Teil eines Schiffes handelt, so wäre damit aber noch nicht sichergestellt, daß es die Arche Noah ist. Interessanterweise kennen viele Einheimische den Hügel, vermuten jedoch darunter nicht die Arche Noah, die ihrer Ansicht nach auf dem Ararat liegt, sondern das Schiff von Schah Malik, einem Herrscher aus alter Zeit, welcher mit einem großen Schiff auf dem See fuhr, der ein ausgedehntes Gebiet um den Ararat bedeckte und vielleicht auch mit anderen größeren Wasserflächen im Süden und Norden in Verbindung stand. (Auf der Hochebene des Ararat gibt es auch heute noch einen See, der unterirdisch von den Schmelzwassern des Großen und Kleinen Ararat gespeist wird.)

Im Laufe des Jahres 1987 soll die verschüttete Arche von türkischen Archäologen und auch von einigen Amerikanern, wenn sie die Genehmigung erhalten, untersucht werden. Allerdings haben Forscher schon einmal eine Sprengung vorgenommen und außerdem wurden bereits etliche Stücke zu Prüfungszwecken entfernt. Daher stehen die türkischen Behörden Grabungen ebenso ablehnend gegenüber wie dem Entfernen von Teilstücken des verschütteten Schiffes und aller anderen Schiffe, die man auf dem Berg noch entdecken könnte, damit sie nicht wie die vielen anderen archäologischen Funde in verschiedenen Ländern zum Teil oder zur Gänze demontiert werden.

Fasold allerdings ist davon überzeugt, daß es weder notwendig noch überhaupt sinnvoll wäre, Stollen in das Objekt hineinzugraben, um es als Schiff auszuweisen, da es durch die Versteinerung seine Molekularstruktur verändert hat und jetzt ein massiver Körper ist. Er sagt vielmehr: „Wissen Sie, welche Möglichkeiten ein Grenzschicht-Radar bietet? Man kann in das Objekt hineinsehen, ohne es zu zerstören. Man könnte Pfosten, Zwischenwände, die Decks und Eisenstangen, vielleicht noch an ihrer ursprünglichen Stelle, erkennen."

Sollte sich das „verschüttete" Objekt wirklich als großes Schiff erweisen, was ist dann mit der anderen Arche, die so vielen Berichten zufolge auf dem Ararat liegt und seit urdenklichen Zeiten für die Arche Noah gehalten wird? Hat es vielleicht *zwei* Archen, oder gar noch mehrere gegeben, wie es die islamische Überlieferung nahelegt, die eine Arche auf dem Berg Djoud (Cudi) südlich des Ararat annimmt, eine andere auf dem Berg Nisir und eine dritte auf dem Berg Demawand im Iran? Gibt es vielleicht noch weitere Landeplätze in anderen Teilen der Welt, wo Schiffe nach der Sintflut gestrandet sind?

Trotz alledem ist es aber doch die Arche Noah auf dem Berg Ararat, die immer noch den Glauben und die Phantasie vieler Völker beschäftigt. Entdeckte man die Arche tatsächlich dort, wo sie vermutet wird, so könnte ein solches Ereignis das Bewußtsein unserer Zeit verändern und eine Wandlung der religiösen, historischen, geophysischen und sogar politischen Anschauungen und Erkenntnisse bewirken. Vielleicht ist das neben einem verständlichen Forschungs- und Wissensdrang der Grund, weshalb so viele Menschen auf der Suche nach der Arche weder Gefahr noch Tod gescheut haben und bisweilen beiden begegnet sind.

5

Dikkat! – Gefahr!

Der Ararat gehört unbestreitbar zu den eindrucksvollsten und schönsten Bergen unserer Erde, eindrucksvoll, weil er von einem 1 000 Meter hohen Plateau auf eine steile Höhe von über 4 000 Metern emporragt. Er ist schön, weil er frei steht, fernab von anderen Bergen, und wenn oft frühmorgens und abends die Wolken um den Gipfel sich verflüchtigen, dann fühlt man sich beim Anblick des Bergriesen mit der schneebedeckten Kuppe gezwungen, den Kopf zu heben, in unwillkürlicher Ehrerbietung vor seiner Größe, seinem Mysterium und der berühmtesten Legende der Menschheit.

Der Berg mit seinen beiden Gipfeln, dem Großen und dem Kleinen Ararat, bedeckt ein Gebiet von rund 1 500 Quadratkilometern. Er ist ein Vulkan, bei dessen letztem Ausbruch im Jahr 1840 das Dorf und das Kloster Ahora an der Nordostflanke vernichtet wurden und sich an deren Stelle eine fast zweihundertfünfzig Meter tiefe Schlucht bildete. Er ist von mehreren Gletschern bedeckt, von denen der Parrot- und die beiden Abichgletscher mit einer Dicke von stellenweise fünfundsechzig Metern die größten sind. Die Eiskappe des Ararat umfaßt eine Fläche von ungefähr fünfundzwanzig Quadratkilometern und ist am dicksten in der Senke zwischen den beiden Gipfeln des Großen Ararat. Die Bergflanken sind stark zerklüftet, und Forscher und Piloten haben in den Schluchten verschiedentlich etwas gesehen, was sie für die Überreste der Arche Noah hielten. Andere mögliche Landeplätze der Arche befinden sich oberhalb des neuen Dorfes Ahora, bzw. auch unterhalb des Gletschers oder unter der Eisdecke des Gipfels. Gegenwärtig ist eine Suche in der Gegend von Ahora wegen der Nähe zur sowjetischen Grenze nicht möglich.

Der beliebteste Ausgangspunkt für Arche-Expeditionen oder Bergsteigergruppen, die einfach den berühmten Berg erklettern wollen, ist gegenwärtig die Stadt Dogubeyazit, der südlichste Punkt eines fast gleichseitigen Dreiecks, dessen andere Eckpunkte vom Großen Ararat im Norden und dem Kleinen Ararat im Südosten gebildet werden. Die „Saison" für Expeditionen von Dogubeyazit aus ist kurz, aber voller Betriebsamkeit, denn nur der Hochsommer oder der Frühherbst eignen sich für Bergtouren, da zu dieser Zeit die unteren Regionen schneefrei sind, was den schwierigen Aufstieg etwas erleichtert. Zu dieser Zeit findet der Bergsteiger, abgesehen von den gewöhnlichen und auch außergewöhnlichen Schwierigkeiten, die ihn auf dem Ararat erwarten, eine Vielzahl von Alpenblumen, er begegnet Schafherden, Pferden, wilden Ziegen, freundlichen Schäfern und deren sehr viel weniger freundlichen Hunden.

Aber die Erkundung des Ararat ist mit so vielen Gefahren verbunden, manche geheimnisvollen, andere durchaus natürlichen Ursprungs, daß einem der türkische Name des Berges „Ağri Dağhi" – Berg der Schmerzen – tatsächlich angemessen erscheint.

Der Autor sprach mit Achmed Ali Arslan, einem Bergsteiger, Fotografen, Künstler und Schriftsteller mit einem Doktorat der Universität von Erzurum über die Gefahren, denen man auf dem Ararat begegnet. Dr. Arslan kann als Ararat-Spezialist angesehen werden, hat er doch bei seinen siebenunddreißig Versuchen, den Ararat zu besteigen, siebzehnmal den Gipfel erreicht. Er wurde in Aralik an der Nordflanke des Ararat geboren und unternimmt seit 1965 Besteigungen des Berges. Außerdem hat er beträchtliche Klettererfahrungen im Pamir in der Kirgisischen Sowjetrepublik gesammelt.

Wie stufen Sie als Alpinist den Ararat im Vergleich zu anderen Bergen, die Sie bestiegen haben, ein?

Technisch gesehen ist die Besteigung nicht besonders schwierig. Wissenschaftler haben jedoch festgestellt, daß es auf den höher gelegenen Hängen zu Gasentwicklung kommt – vor allem Kohlendioxid. Das bedeutet neben dem Sauerstoffmangel in extremen Höhen eine zusätzliche große Belastung für Bergsteiger, die Übelkeit und Bewußtseinsstörungen zur Folge hat.

Wie steht es mit Lawinen?

Schneelawinen sind selten, außer im Frühjahr vielleicht, wenn die überhängenden Schneebretter anschmelzen, losbrechen und zu Tal stürzen. Dies geschieht vor allem an der Nordost- und Nordwestflanke des Berges. Aber schlimmer sind Felsstürze, also Steinlawinen. Da lösen sich sogenannte „Bomben" aus Lavamasse, Felsbrocken und erstarrter Lava, die nahe dem Krater festgefroren waren, und kollern bergab. Einige Brocken haben die Größe von Lastwagen und bewegen sich mit einer Geschwindigkeit von hundertdreißig bis hundertneunzig Stundenkilometern. Bergziegen, die von Alpinisten aufgescheucht werden, können mitunter solche Felsstürze auslösen, oder auch ein lauter Kommandoruf, ein Echo oder ein Schuß. Diese Lawinen sind nicht anders als die Schneelawinen in den Schweizer Alpen, nur daß sie aus Tausenden und Abertausenden von Felsbrocken bestehen.

Drohen auch vom Wetter Gefahren?

Man kann in Gewitter und Schneestürme geraten. Das Ärgste an den Gewittern sind die Blitze, die schon manchen Alpinisten getroffen und gelähmt haben.

Geschieht das nicht auch auf anderen Bergen?

Ja, aber nicht so häufig wie auf dem Ararat. Der Ararat steht isoliert und ist noch dazu sehr hoch, wodurch er wie ein gigantischer Blitzableiter wirkt. Die oberen Hänge sind meist von elektrisch aufgeladenen Wolkenschichten bedeckt. Und Bergsteiger führen eine Menge metallener Ausrüstungsgegenstände mit sich, Pickel, Krampen, Haken usw. Selbst die Metallabzeichen an den Hüten, die wir mit anderen Bergsteigern tauschen, können Blitze anziehen. Auch in die spitzen Granitfelsen, hinter denen man Schutz suchen mag, schlägt der Blitz gerne ein, man sollte daher unbedingt hinter Vulkangestein Zuflucht nehmen.

Verliert man nicht die Orientierung, wenn man in wolkenverhangene Regionen kommt?

Nein, man geht nicht mehr weiter. Sonst könnte es leicht sein, daß man in eine Schlucht stürzt oder durch eine angetaute Eiskruste in eine tiefe Gletscherspalte fällt. Ich glaube, das ist zwei Bergsteigerinnen passiert, die im Jahr 1985 nicht mehr zurückgekehrt sind. Man weiß ja nie, wo diese Spalten sind. Der Berg ist ein Vulkan und noch immer „heiß". Wenn die heißen Gase durch Bodenöffnungen ins Freie dringen, entwickelt sich Nebel. Schlägt man das Zelt auf, dann bemerkt man nach einiger Zeit, daß der Boden Wärme abstrahlt. 1965 hat es hier ein Erdbeben gegeben. Die Leute waren gerade auf dem Weg in die Moschee, als sie ein dumpfes Grollen aus dem Erdinneren hörten, und dann bebte die Erde.

Ich glaube, einmal gehört zu haben, daß die Fauna des Ararat, die auch eine Gefahr für die Bergsteiger darstellt,

Nordansicht des Großen Ararat mit dem Westhang der Ahoraschlucht. Die Schlucht weist an dieser Stelle eine Tiefe von 260 Metern auf. Von links nach rechts verlaufen die Gletscher Abich I und Abich II, wobei der linke Bereich mit Vulkanasche bedeckt ist. Auf dem Abhang rechts im Bild sind Pferde zu sehen. Es handelt sich um Wildpferde, die sogar den Kampf mit Wölfen aufnehmen. (*Achmed Ali Arslan*)

Der Schwarze Gletscher, mit Vulkanasche bedeckt. An dieser Stelle befanden sich das Dorf und das Kloster Ahora, die beim Ararat-Ausbruch 1840 zerstört wurden. Dorf und Kloster verschwanden in der Schlucht. (*Achmed Ali Arslan*)

Tagesanbruch auf dem Ararat. Der Gipfel des Ararat ist der höchste Punkt der Türkei und fängt das erste Licht der Morgensonne auf. (*Achmed Ali Arslan*)

Vulkangestein mit Aschenschicht. Die Brüchigkeit des Gesteins macht diese Felsen für Kletterer besonders gefährlich. Wilde Ziegen, die von Bergsteigern aufgescheucht werden, lösen immer wieder Steinlawinen und Erdrutsche aus. Auch ein Gewehrschuß oder ein lauter Ruf kann einen Felssturz verursachen. (*Achmed Ali Arslan*)

Eine stratifizierte Felsformation, die von weitem irrtümlich für die Arche Noah gehalten werden könnte – und auch dafür gehalten wurde. Dieser Fels wird Teufelsfelsen (Şeytan Kayasi) genannt. Die Aufnahme wurde in Ostwest-Richtung auf den unteren Hängen des Ararat gemacht. (*Achmed Ali Arslan*)

Der Ararat von Dogubeyazit aus. Durch seine Größe, seine steile Höhe und seinen isolierten Standort übt der Berg eine geheimnisvolle Anziehungskraft auf Stadtbewohner und Reisende aus. (*Jay Bitzer, Probe Ministries*)

Das Innere eines Nomadenzeltes. Die Nomaden auf dem Berg sind normalerweise gastfreundlich und hilfsbereit, aber Bergsteigern fällt es mitunter schwer, Nomaden von Banditen oder Aufständischen zu unterscheiden. Wenn man unbewaffnet ist, begegnen einem die Nomaden in der Regel freundschaftlich. (*Achmed Ali Arslan*)

Schäfer treiben ihre Herden nur bis ungefähr 2600 Meter hinauf. In höhergelegenen Regionen verenden die Schafe, ein Phänomen, das man früher mit Gottes Verbot, den Ararat zu besteigen, in Zusammenhang gebracht hat. (*Achmed Ali Arslan*)

Der Ararat von Iğdir aus. Zu sehen ist die an die UdSSR grenzende Flanke des Berges. Wenn man nach Iğdir kommt, das nur ungefähr 800 Meter über dem Meeresspiegel liegt, stockt einem der Atem beim Anblick des Ararat. Man sieht weit und breit nichts außer diesem riesigen Berg. Dieser Eindruck ist so überwältigend, daß man die Generationen von Menschen verstehen kann, die auf dem Ararat angeblich Visionen gehabt haben. (*Achmed Ali Arslan*)

Der Kleine Ararat von den Osthängen des Großen Ararat bei Mih Tepe (Nagelkopf) aus gesehen. Der Osthang des Kleinen Ararat fällt zur iranischen Grenze hin ab, wo ein reger Waffenhandel betrieben wird. (*Achmed Ali Arslan*)

Wolken, die sich am frühen Abend in einer großen Trichterformation vom Berg Ararat heben. Zu dieser Tageszeit und auch am frühen Morgen vermeinten Reisende bei klarem Himmel seit Jahrhunderten hoch auf dem Berg einen schiffsähnlichen Umriß zu sehen. In jüngerer Zeit berichteten Piloten immer häufiger davon, daß sie in Gletscherspalten ein archeförmiges Objekt sichteten, das aus dem Schnee hervorragte. (*Jay Bitzer, Probe Ministries*)

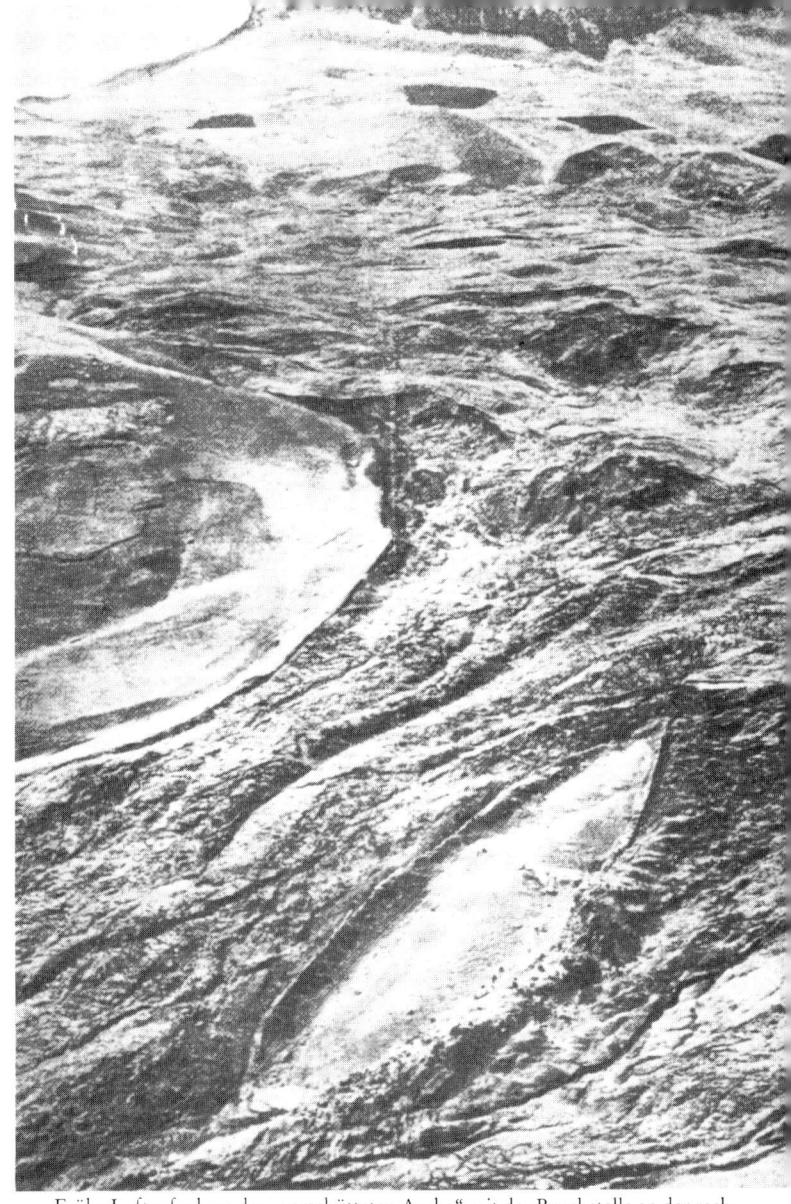

Frühe Luftaufnahme der „verschütteten Arche" mit der Bruchstelle an der rechten Seite. Obwohl viele von einer natürlichen Geländeformation sprechen, haben sich zweifellos viele vermeintliche Arche-Sichtungen, von denen Piloten berichteten, auf dieses Phänomen bezogen. (*The London Daily Telegraph*)

Fotokopie einer Aufnahme, die eine Sprengung an der „verschütteten Arche" zeigt. Die Expedition im Jahr 1960 (siehe Kapitel 4) wollte auf diese Weise feststellen, ob die Arche-Formation Holzteile enthält. Einige Holzreste wurden entdeckt. (*René Noorbergen. Aus dem Archiv der „Gesellschaft für die Erforschung unerklärlicher Phänomene"*)

Foto von der Expedition zur „verschütteten Arche" im Jahre 1960. Die Aufnahme zeigt Forscher und berittene türkische Soldaten am Fundort. Messungen ergaben für den Wall eine Höhe von 60 Metern. (*René Noorbergen*)

in Zonen eingeteilt werden könnte: In der untersten Zone finden sich Giftschlangen, in der mittleren Wölfe, und in der obersten Bären. Halten Sie dies für richtig?

Ja. Nicht zu vergessen die Skorpione, wenn man sein Lager in der untersten Zone aufschlägt. Diese Tiere kriechen gerne, manchmal dutzendweise, unter die Decken, weil sie von der Wärme angezogen werden. Ein oder mehrere Skorpionstiche können für einen Menschen, der ein schwaches Herz hat, tödlich sein. Was die anderen „Wildtiere" betrifft, so reißen die Wölfe normalerweise nur Schafe, fallen aber, wenn sie hungrig sind, auch Menschen an. Die Bären sind nur gefährlich, wenn sie sich bedroht fühlen. Einmal wollte ich in einer Höhle Zuflucht suchen, die schon von einer Bärenmutter mit zwei Jungen bewohnt war. Ich sah mich sehr rasch nach einem anderen Unterschlupf um.

Gibt es auf dem Ararat Banditen oder Terroristen?

Mir sind nie welche begegnet. Im Sommer 1985 wurde in den Zeitungen viel darüber geschrieben. Aber die türkische Armee kämmte den Berg im August vom Gipfel abwärts durch, und Sie können sicher sein, daß dort oben jetzt keine Banditen mehr sind.

Welche türkischen Redewendungen sind für Personen, die den Ararat besteigen wollen, wichtig?

Ich werde Ihnen ein paar angeben, die sehr wichtig sein können.

Hallo!	Merheba!
Halten Sie bitte die Hunde zurück!	Lütfen köpeği tutun.
Ich habe mich verirrt.	Yolumu kaybettim.
Bitte, ich brauche Hilfe!	Lütfen, yardim edin.

Ein Unfall ist geschehen!	Kaza oldu.
Wo ist Ihr Lager?	Nerede kamp kurdunuz?
Ich brauche etwas zu essen!	Yiyecek istiyorum.
Ich brauche Wasser!	Su istiyorum.
Ich brauche ein Pferd!	At istiyorum.
Ich brauche einen Führer!	Rehber istiyorum.
Wieviel?	Ne kadar uzak?
Wie weit?	Ne kadar?
Wo ist …?	… nerede?
Hier entlang.	Bu taraftan.
Osten	Doğu
Westen	Bati
Norden	Kuzey
Süden	Güney
Gefahr!	Dikkat!
Danke!	Sag ol!
Auf Wiedersehen (wenn der andere geht)	Allaha ismarladik!
Auf Wiedersehen (wenn der andere zurückbleibt)	Güle, güle!
Gut! Schön!	Güzel! Sahane!

Dr. Arslan, Sie haben eine lange Erfahrung als Bergführer auf dem Ararat und sind ein Experte für Geschichte und Volkskunde. Befindet sich die Arche auf dem Ararat?

Ich glaube, in den letzten fünfzig bis sechzig Jahren hat es so viele Augenzeugen gegeben, daß die Wahrheit der Legende nicht mehr bezweifelt werden kann. Man wird die Arche wahrscheinlich genau an der vermuteten Stelle finden – in einer Höhe von 4 500 bis 5 000 Metern, zwischen dem rechten Abhang der Ahoraschlucht und dem Parrotgletscher. Dort befindet sich ein riesiges flaches Plateau, so groß wie ein Fußballfeld, das von einer rund hundert Meter dicken Eisschicht überzogen ist. Dort hat man, während des Tauwetters, die Arche gesichtet und einzelne Teilstücke gefunden. An dieser Stelle werden auch die Überreste entdeckt werden.

Obwohl allgemein angenommen wird, daß die Arche unter einem Eisfeld über der Ahoraschlucht liegt, müßte eine Expedition, die dort Grabungen vornimmt oder die Arche heben will, mit einigen Schwierigkeiten rechnen. Erstens liegt die Ahoraschlucht in Sichtweite der russischen Grenze, und jede Aktivität auf türkischem Gebiet würde sehr rasch von Militärbeobachtern wahrgenommen werden. Wenn noch dazu Amerikaner beteiligt sind (und über den Berg gelangen Nachrichten rasch), dann würde ein offizieller Protest sicher nicht lange auf sich warten lassen. Eine Suche nach der Arche in dem Gebiet, wo sie viele Forscher vermuten, müßte also rasch und im Hochsommer durchgeführt werden.

Wenn aber den diversen Berichten zufolge die Arche bereits lokalisiert ist, warum sind dann keine Forschungsexpeditionen dorthin aufgebrochen? Die Antwort auf diese Frage liefern ausführliche Berichte aus langvergangenen Zeiten, die erst nach Jahrtausenden eine Bestätigung fanden. Dazu gehören die Hinweise auf die verschiedenen Trojas, die angeblich unter einem großen Hügel lagen und auch tatsächlich dort gefunden wurden, als man endlich Ausgrabungen vornahm; dann die großen Städte des alten Mesopotamien, die, von Sand- und Felshügeln bedeckt, in der Wüste lagen und erst auf Grund von Erzählungen arabischer Nomaden, wonach man auf diesen Hügeln Ziegel finden könnte, wiederentdeckt wurden; und schließlich auch die vollständig erhaltenen römischen Siedlungen Herculaneum und Pompeji, 1 500 Jahre verschüttet und vergessen, deren Existenz man in das Reich der Sage verwiesen hatte – wobei das größere Herculaneum bis heute erst zu einem geringen Teil ausgegraben ist, da es genau unter der neuen Stadt Resina liegt. Hinzufügen müßte man noch die Geschichte der Großen Sphinx von Gizeh, die der Sage nach einen Altar zwischen den Vorderpranken gehalten hatte, doch im Verlauf von zweitausend Jahren hat sich niemand die Mühe gemacht, die Richtigkeit dieser alten Überlieferung zu prüfen. Und sie war richtig, wie sich herausstellte.

Mit anderen Worten, man müßte nur eine gut organisierte Expedition aufstellen, sie mit allen Genehmigungen versehen und mit der nötigen Ausrüstung sowie Radargeräten ausstatten, um die Arche auf dem Ararat zu suchen und vielleicht auch zu finden.

Die Liste der genannten Gefahren wird durch die Erfahrungen von Bergsteigergruppen und einzelnen Alpinisten bestätigt und noch um einiges erweitert. John Morris, der Sohn von Henry M. Morris (Archeforscher und bedeutender Verfechter des Kreationismus), führte 1972 eine Expedition zum Ararat durch. In der Folge veröffentlichte John Morris das Buch *Adventure on Ararat*, in dem er sehr anschaulich seine Erfahrungen mit Blitzschlägen auf 4 300 Metern Höhe schildert. Er beobachtete, daß sich die Blitze, von heftigen Donnerschlägen begleitet, auf einige Stellen zu konzentrieren schienen.

> Die statische Elektrizität war überall spürbar. Unsere Eispickel und Krampen surrten, unsere Haare standen senkrecht in die Höhe, selbst J. B.'s Bart und mein Schnurrbart sträubten sich...

Trotz des Gewitters setzten Morris und zwei seiner Begleiter ihren Weg fort und machten nach einiger Zeit unter einem großen Felsen Rast. Plötzlich schlug der Blitz mehrere Male in den Felsen ein, wodurch Morris und einer seiner Begleiter den Hang hinuntergeschleudert wurden, während Bultema

(J.B.), mit ausgestreckten Armen und Beinen „in der Luft hängend", an dem Felsen „anfror". Während er an dem Felsen festklebte, spürte er, wie die Elektrizität „seinen Körper in Wellen durchlief" und fast vollständig lähmte. Als er endlich einen Fuß mit Gewalt auf den Boden brachte, schloß er damit unabsichtlich den Stromkreis und wurde, so wie die anderen vor ihm, den Hang hinabgeschleudert. Morris, der durch den elektrischen Schlag das Bewußtsein verloren hatte, erwachte unmittelbar darauf, konnte sich aber immer noch nicht bewegen. Er sah, daß sein dritter Kumpan infolge des Sturzes über die scharfen Felsen blutüberströmt war. Er schien sich an nichts zu erinnern und fragte: „Warum bleiben wir eigentlich hier im Schnee und setzen uns nicht dort unter den großen Felsen?" Dabei zeigte er auf eben jenen Felsen, der den Blitz geleitet hatte. Langsam konnten sie sich wieder bewegen, was sie teilweise ihrer guten körperlichen Verfassung zu danken hatten, aber auch der seelischen Kraft, die sie aus ihren Gebeten schöpften, und stiegen mühsam wieder ab.

Das Verschwinden des jungen britischen Bergsteigers Christopher Tease im Jahre 1965 ist besonders beachtenswert, da dieser Vorfall als dringende Mahnung gelten kann, den Aufstieg nie allein zu wagen. Tease, ein Student des Balliol College, hatte von Oxford und dem College ein kleines Forschungsstipendium erhalten und sich damit auf den Weg nach Dogubeyazit gemacht. Er führte nur eine eiserne Ration mit, die er allein den Berg hinauftragen wollte. In tollkühnem Optimismus wollte er am 26. August den Gipfel besteigen und dort oben seinen Geburtstag feiern. Als er bis zum 14. September nicht, wie geplant, wieder in London eingetroffen war, ließ seine Familie über die britische Botschaft in Ankara Erkundigungen einziehen. Die Botschaft leitete eine Suchaktion ein, an der die dritte türkische Armee, die Jandarma (die örtliche Gendarmerie) und die Grenzpolizei teilnahmen. Ein offizieller britischer Suchtrupp machte sich in einem Landrover nach Dogubeyazit und Ağri auf und stellte dort Nachforschungen über Teases Verschwinden an. Immer wieder wurden den Einheimischen Fotos von Tease gezeigt, damit ihn vielleicht einer darauf erkannte. Zwei Bergführer, die Tease in einem Teehaus in Dogubeyazit getroffen und sich, dank der Hilfe eines englischsprechenden Studenten aus Ağri, der als Dolmetscher fungierte, auch mit ihm unterhalten hatten, erzählten, sie hätten sich ihm als Führer angeboten, was er aber abgelehnt hatte, da er allein gehen wollte. Zum letzten Mal wurde er in Dogubeyazit gesehen, schon auf dem Weg zum Ararat. Er trug sein Gepäck auf dem Rücken und hatte weder Führer noch Packpferd oder Packesel, ja nicht einmal einen Pickel bei sich.

Trotz der großzügigen Belohnung, die seine Eltern für zweckdienliche Informationen aussetzten, konnte der britische Suchtrupp nur berichten, daß Tease in einem Kurdenlager am Ararat gesehen worden war, wo ihm die Kurden ein Pferd angeboten hatten. Später stellte man fest, daß das Pferd anscheinend durchgegangen war und dabei die Ausrüstung abgeworfen hatte. Offenbar hatte sich Tease daraufhin entschlossen, nach Dogubeyazit zurückzukehren, und auf dem Rückweg war er spurlos verschwunden.

Eine in der Folge von den Eltern des Studenten über den *Oxford Explorers' Club* organisierte Suchexpedition blieb ebenfalls erfolglos und kam zu dem Ergebnis, daß Teases Leiche in einer Gletscherspalte oder am Fuß einer Geröllhalde liegen müßte. Während sich die Expeditionsteilnehmer in ihrem Lager aufhielten, ereignete sich ein merkwürdiger Vorfall. Ein Schäfer kam ins Lager und fragte nach der genauen Zeit, um seine Uhr nachzustellen. Er besaß eine vergoldete Armbanduhr mit einem silbernen Kettenarmband, was eine Seltenheit bei einem Hirten ist. Eine spätere Nachfrage bei den Eltern von Tease ergab, daß ihr Sohn bei seiner Abreise in die Türkei eine solche Uhr getragen hatte.

Oberst James Irwin, der Astronaut, der den Mondspaziergang unternommen hatte, gründete 1972 eine Organisation, die sich treffenderweise „Höhenflug" nannte und als internationale religiöse Institution den Zweck verfolgte, die Arche auf dem Berg Ararat zu finden. Bei seiner Expedition im Jahr 1982 trennte sich Oberst Irwin nach der Gipfelbesteigung von seinen Gefährten, um ins Basislager zurückzukehren und den Abstieg der Expedition vorzubereiten. In seinem Buch *More Than an Ark on Ararat* beschreibt er anschaulich, was ihm bei seinem Abstieg widerfahren ist.

Während er die Abkürzung über ein rund 4 100 Meter hoch gelegenes Schneefeld nahm, setzte er sich nieder, um seine Steigeisen anzulegen, und verlor plötzlich das Bewußtsein. Anscheinend war er von einem Stein getroffen worden, der den Hang hinuntergekollert war. Am unteren Rand des Schneefeldes kam er wieder zu sich und entdeckte, daß er, aus mehreren Wunden blutend, auf einem Haufen spitzer Steine lag und sich Verstauchungen, vermutlich sogar eine Gehirnerschütterung zugezogen und außerdem fünf Zähne verloren hatte. Bei Einbruch der Nacht, als die extreme Kälte einsetzte, schaffte er es mühsam, in seinen Schlafsack zu kriechen, doch glitt dieser jedesmal, wenn er einschlief, bergab, und er mußte ihn, trotz seiner Verletzungen, immer wieder hinauf zu den schützenden Felsen ziehen. Nachdem er eine Nacht blutüberströmt in der eisigen Kälte zugebracht hatte, entdeckte ihn ein Suchtrupp und brachte ihn mit Hubschrauber und Rettungswagen ins Krankenhaus nach Erzurum.

Sein Sturz hatte ihn nicht entmutigt. Er führte weiterhin Jahr für Jahr eine Expedition auf den Ararat und meint dazu: „Nach der Arche wird man Jahr für Jahr suchen. Dieses Geheimnis wird uns so lange nicht loslassen, bis wir die Arche wiederentdeckt haben."

Seine Rettung im Jahr 1982 und die Wiedererlangung der Gesundheit schreibt Irwin seinem Glauben und seiner tiefen

Religiosität zu. In Anspielung auf seinen Mondflug macht er die ergreifende Bemerkung: „Gott, der auf der Erde wandelt, ist wichtiger als der Mensch, der seinen Fuß auf den Mond setzt."

In den Jahren 1954 bis 1969 unternahm John Libi, ein unbeirrbarer Arche-Forscher, insgesamt acht Expeditionen auf den Ararat, die letzte im Alter von dreiundsiebzig Jahren. Libi, ein tiefreligiöser Mann bulgarischer Abstammung, war überzeugt, daß ihm der Landeplatz der Arche in einem Traum offenbart worden war. Seine Expeditionen verliefen nicht unbedingt geruhsam. Er wurde von Bären verfolgt und berichtet, einer davon hätte ihn mit Steinen beworfen. Berglöwen bedrohten ihn. Er trug eine Verletzung davon, als er zehn Meter in die Tiefe stürzte und auf eine Felskante prallte. Er geriet in einen Hagelsturm mit tennisballgroßen Hagelschloßen, wurde bis zum Hals von Schnee verschüttet und erkrankte an einer Lungenentzündung. Auf einer ausgedehnten Expedition wurden seine Lebensmittelvorräte und die Ausrüstung von einem plötzlichen sturzflutartigen Regenguß zu Tal gerissen. Ein Expeditionsteilnehmer stürzte über eine Felswand, als ein Stein, der sich bei einem Erdbeben gelockert hatte, plötzlich nachgab. Während einer anderen Expedition schloß sich ein österreichischer Arzt der Gruppe an, verließ das Lager, um einen Spaziergang zu machen, und wurde nie mehr gesehen. Bei der letzten Expedition erreichte Libi die Stelle, wo er die Arche im Traum gesehen hatte, aber sie befand sich nicht dort.

Im August 1936 näherte sich der neuseeländische Archäologe (und britische Agent) J. Hardwick Knight dem Ararat von Südosten und überquerte den türkischen Grenzfluß südlich von Sadarak. Die Überquerung erfolgte recht überstürzt, denn er wollte, nach eigenen Angaben, „lästigen Verfolgern entkommen", die auf dem Weg durch Persien hinter ihm her gewesen waren.

Nachdem er die türkische Grenze überschritten hatte, trug er sich mit der Absicht, die Abhänge des Ararat zu umgehen und seinen Weg nach Echmiadzin fortzusetzen. Als er sich einem Lager in der Nähe des Berges näherte, nahmen ihn plötzlich Reiter gefangen, die ihm schließlich auch ein Pferd gaben. Sie brachten ihn nach Norden zu ihrem Hauptquartier und hielten ihn dort zwei Tage in einem Keller gefangen. Da kein Reiter das Wort an ihn richtete und auch ihm das Sprechen verboten war, konnte er weder herausfinden, wer sie waren, noch warum man ihn gefangenhielt. Am Abend des zweiten Tages schafften sie ihn aus dem Hauptquartier wieder fort und ließen ihn am Fuß des Ararat ohne das Pferd wieder frei. Da dichter Nebel herrschte, gelang es ihm nicht, seinen Standort zu bestimmen, er schlug aber den Weg nach Westen ein, in der Hoffnung, bis zum Nordhang des Ararat durchzukommen. Unterdessen setzten heftige Gewitterstürme ein mit Böen von, seiner Schätzung nach, einhundertfünfzig Stundenkilometern. Vom Schock benommen, sich mühsam wach haltend und nur seinem Instinkt folgend, taumelte er weiter und kam schließlich an einer Reihe von Pfosten vorbei, die am Rande der Ahoraschlucht aus dem Schnee ragten. Anfangs glaubte er, die Reste von Lafitten oder auch Teile eines Schuppens vor sich zu haben, wobei letzteres in dieser Höhe wohl unwahrscheinlich war, vor allem deshalb, weil es dort weder Bäume noch auch nur irgendeinen Hinweis auf ein ehemaliges Vorhandensein von Bäumen gab. Er brach ein Stück von dem Holz ab. Es war mit Wasser getränkt wie ein Schwamm und schon am Verrotten, und er verlor es dann auf seinem weiteren Weg.

Endlich erreichte er Beri. Erst später fiel ihm ein, daß er womöglich an der Arche vorbeigekommen war. Sogleich bedauerte er, daß ihm die Umstände keine Zeit gelassen hatten, die Pfosten näher zu untersuchen. Er beschäftigte sich immer intensiver mit der Arche und kehrte 1967 als Teilnehmer einer

Expedition zum Ararat zurück, um das Gebiet abzusuchen, wo er seiner Erinnerung nach die Pfosten gesehen hatte. Er blieb erfolglos: Entweder lagen die Stämme tief unter dem Schnee oder waren den Berg hinunter, vielleicht in die Ahoraschlucht, gestürzt.

Der Ararat liegt in einem militärischen Sperrgebiet, und daher wurden Besteigungen oft aus Sicherheitsgründen verboten. Ein solches Verbot wurde 1982 aufgehoben. Diese Verfügung betraf allerdings nur die Südwestseite des Ararat, da die Nordosthänge zu nahe der Sowjetunion, die Südosthänge zu nahe dem Iran liegen.

1984 erschien in der Reise-Beilage der *New York Times* (Sonntagsausgabe des 19. Februar) ein ganzseitiger, mit Illustrationen versehener Artikel, der seine Leser zu einer Besteigung des Ararat ermunterte. Er enthielt Angaben über die Reisekosten nach Dogubeyazit, über die Preise in den dortigen Hotels, eines wurde seiner Aussicht, ein anderes seiner Küche wegen empfohlen, und darüber hinaus informierte er den Leser über die Anreise und die für eine Besteigung günstigste Jahreszeit. Der Verfasser des Artikels nannte sogar den Namen und die Telefonnummer seines Kontaktmannes in Dogubeyazit, eines gewissen Achmed Aĝa, und führte dazu aus, daß dieser vor „zehn Jahren das Besitzrecht auf die Südwesthänge um 22 000 Dollar erworben hat, und es heute nicht einmal für 4 000 000 Dollar verkaufen würde". (Diese Angabe beruht wahrscheinlich auf einer Fehlübersetzung, denn auf dem Ararat können gar keine Grundankäufe getätigt werden. Achmed Aĝa kann daher höchstens den Grundbesitz der türkischen Regierung pachten.) Der Aĝa (Aĝa ist ein Ehrentitel) selbst erklärte dazu, er hätte nur gesagt, er kenne den ganzen Berg, nicht aber, er besäße ihn.

Etliche der nach 1982 organisierten Expeditionen wurden von Oberst Irwin geleitet. Im Juli und in den ersten Augusttagen versuchten mindestens vier ausländische Expeditionen den Ararat zu besteigen. Die Gruppen kamen aus Japan, Deutschland, Frankreich und den USA, wobei die drei letztgenannten sich ungefähr um dieselbe Zeit auf dem Ararat befanden. Die amerikanische Gruppe hatte, von religiösen Motiven bestimmt, das größte Interesse an der Arche, obwohl man sicher sein kann, daß auch die Mitglieder der anderen drei Gruppen jedes Stück Holz, das ihnen auf dem baumlosen Berg in die Hände gefallen ist, mit beträchtlichem Eifer untersucht haben.

Diese vier Gruppen wurden alle eines Nachts in ihren Lagern von Rebellen gefangengenommen, die damals den Berg verunsicherten. Die japanischen Kletterer waren die ersten Opfer. Man ergriff sie, hielt sie kurze Zeit gefangen und zwang sie dann zum Abstieg, nachdem man ihnen die Kameras und die Ausrüstung abgenommen hatte. Das von der *Probe Ministries Foundation* ausgeschickte amerikanische Team unter der Leitung von Bill Crouse aus Dallas, Texas, und John McIntosh aus Crestline, Kalifornien, erfuhr zwar von dem Vorfall mit den Japanern, wagte aber die Besteigung trotzdem, da es die notwendigen Genehmigungen besaß und wußte, daß die Regierung den Aufstieg freigegeben hatte. Ein türkisches Kommando begleitete die Amerikaner bis zu einer Höhe von 2 300 Metern und kehrte dann um. Weitere Mitglieder der Expedition waren Jay Bitzer aus Dallas, der Expeditionsfotograf, Greg Cromatie, ebenfalls aus Dallas, dann Wayne Mitchell aus Bound Brook, New Jersey, und schließlich Gary Meoski aus Toledo – alle erstklassige Bergsteiger.

Am dritten Tag schlug die amerikanische Gruppe in einer Höhe von 4 400 Metern, direkt an der Schneegrenze, das letzte Lager vor dem Gipfelsturm auf. Um Mitternacht wurden die Schlafenden von heftigem Geschrei geweckt. Als Crouse die Zeltklappe öffnete, blickte er in die Mündung einer sowjetischen AK-47, mit der ein ihm völlig fremder Mann auf sein Gesicht zielte. Die Eindringlinge, ungefähr acht an der Zahl, nahmen die Kälteschutz-Anzüge für den Gipfelsturm an sich, zündeten alles Brennbare an und zwangen die Gefangenen anschließend, so schnell wie möglich auf eine Höhe von 3 500 Metern abzusteigen, wo sie auch schon die deutschen Bergsteiger in ihre Gewalt gebracht und ebenfalls zu Tal gejagt hatten.

Jay Bitzer berichtet, daß die Terroristen alle Kameras beschlagnahmten, die übrige Ausrüstung in ihre Rucksäcke packten und die Gefangenen zwangen, bei extremer Kälte ohne Spezialkleidung hinunterzusteigen. Wenn jemand stehenblieb, wurde er von den Terroristen mit den AK-47 angetrieben. Die Terroristen schienen mit anderen Personen oder Banden auf dem Ararat in Verbindung zu stehen. Bitzer sagte weiter aus: „Sie behandelten jede Gruppe anders. Das französische Team mußte eine halbe Stunde lang auf dem Boden liegen." John McIntosh erfuhr später, daß einige Teilnehmer der nicht-amerikanischen Expeditionen in noch deutlicherer Weise von zukünftigen Araratbesteigungen abgeschreckt wurden. Man fesselte ihnen die Hände auf dem Rücken, zerrte sie auf dem Boden herum, schlug sie und jagte sie schließlich, nur mit ihrer Unterwäsche bekleidet, zu Tal. McIntosh vermutet, daß die Amerikaner deshalb besser behandelt wurden, weil sie sich mit den kurdischen Reitern angefreundet hatten, die als „Puffer" zwischen den Entführern und den Gefangenen fungierten.

McIntosh, ein junger, behender Kalifornier, hat den Ararat schon mehrere Male bestiegen. Er ist davon überzeugt, daß die Arche irgendwo auf dem Berg liegt, wahrscheinlich unter Schnee und Eis verborgen. Er hat einen besonderen Blick für Einzelheiten und schildert eine Reihe von Vorfällen während seiner Gefangenschaft:

> Die Leute, die unser Hochlager überfielen, rissen unsere
> Zelte nieder, nahmen jene Ausrüstungsgegenstände an

sich, die sie für brauchbar hielten, schütteten unseren Kochspiritus über den Rest und zündeten ihn an. Wir mußten neben dem Feuer stehenbleiben und warten, während einige von ihnen das französische Lager, das sich etwas unterhalb des unseren befand, ausraubten und niederbrannten. Dann führten sie uns am Lager der Franzosen vorbei zum Lager der Deutschen. Wir nannten es das „grüne Lager", weil es unterhalb der Vegetationsgrenze lag. Dort trafen wir auf andere Terroristen, und ich kam mir einen Augenblick lang wie auf einer Gemeindeversammlung vor. Die Terroristen hatten uns vom Augenblick der Gefangennahme an immer wieder Bemerkungen zugerufen. Die meisten verstanden wir nicht, einige aber waren sehr deutlich: daß Carter in Ordnung sei, Reagan aber nichts tauge, und daß (das deuteten sie uns in Zeichensprache an) wir sie beleidigt hätten, weil wir ihren Berg bestiegen hatten. Wir ließen uns in keinen Streit mit ihnen ein, denn wir beherrschten ihre Sprache nicht, und überhaupt wäre dies, glaube ich, nicht die glücklichste Vorgangsweise gewesen.

Plötzlich begannen sie, uns herumzustoßen, legten dann ihre Waffen auf uns an und gaben uns Zeichen, daß wir uns in einer Reihe aufstellen sollten. Wir wußten nicht, was geschehen würde, als ich aber sah, daß sie die Gewehre hoben und auf uns zielten, dachte ich mir: „Das ist das Ende!" Jay Bitzer erzählte mir später, was in jenem Augenblick in ihm vorgegangen war: „Ich fragte mich, wie sich das heiße Blei wohl anfühlt, wenn es in den Körper dringt."

Als wir dann, wie befohlen, in einer Reihe standen, senkten sie die Gewehre, nahmen die Kameras zur Hand und machten Blitzlichtaufnahmen von uns. Darauf deutete der Anführer, der laut Bill Crouse wie Joseph Stalin aussah, talwärts und schrie: „Verschwindet – nach Amerika!" Ich weiß nicht einmal, ob er das auf englisch oder türkisch gesagt hat, aber wir verstanden ihn nur allzu gut. Danach sagte er noch etwas, was meiner Meinung nach „Kommt nie wieder auf den Ararat zurück!" heißen sollte.

Unsere Bergführer, welche die ganze Zeit über herumgestanden und uns heimlich beruhigend zugewinkt hatten, führten uns dann bergab – es war der schnellste Abstieg meines Lebens. Das erste, was wir in Dogubeyazit taten, war, eine Menge Pepsi zu trinken, auch wenn es warm war. Wir waren vollkommen ausgetrocknet.

McIntosh ließ sich von diesem Erlebnis nicht abschrecken und nahm wenige Wochen später im Jahr 1985 neuerlich an einer Expedition teil, die von Oberst Irwin geleitet wurde. Die aufständischen Nomaden waren in der Zwischenzeit von türkischen Kommandos vertrieben worden. Auch die neue Expedition wurde von türkischen Kommandotruppen begleitet. Sie erreichte zwar den Gipfel, aber die Eisfelder zwischen den beiden Gipfeln abzusuchen wurde ihr nicht gestattet, worauf sie ins Basislager zurückkehrte.

Welche Gefahren mangelnde Planung birgt und wie enttäuschend das Warten auf die Genehmigung zur Besteigung des Ararat sein kann, zeigte sich an der amerikanischen Expedition des Jahres 1949, die Dr. Aaron Smith, ein ehemaliger Missionar aus North Carolina, leitete. Es war die erste wichtige Arche-Expedition nach dem Zweiten Weltkrieg, und ihr gehörten neben türkischen Soldaten und Führern im besonderen auch Walter Wood, ein Techniker aus Sea Cliff, Long Island, und Wendell Org, ein Physiker aus dem Kernforschungsinstitut Oak Ridge an. Die Tatsache, daß mit Org ein Physiker teilnahm, bezeugt das Interesse der modernen Wissenschaft an den Sagen und Legenden einer fernen Vergangenheit. Auch an einer Expedition zu der in 2 300 Metern Höhe liegenden verschütteten Arche nahe Mahşer, dem heutigen Üzengili, nahmen im Jahre 1985, also sechsunddreißig

Jahre später, zwei Wissenschaftler aus Los Alamos, John Baumgardner und Dr. Mahlon Wilson, teil.

Wassermangel war es, die Smith-Expedition in eine höchst kritische Situation brachte – auf einem Berg, der mit Eis bedeckt ist, aber Temperaturen aufweist, die ein Schmelzen des Eises beinahe unmöglich machen. Nachdem die Gruppe ungefähr die Hälfte der Strecke zurückgelegt hatte, stellte sich heraus, daß das Wasser aus den von Packtieren getragenen Kanistern fast gänzlich verschüttet war. Trotzdem entschloß man sich, bis zu einer Quelle weiterzugehen, die ungefähr einen Tagesmarsch entfernt lag. Aber als die Expedition dort ankam, fand sie die Quelle ausgetrocknet. Nach langem Suchen fand man endlich in einer Felsspalte eine kleine Lache mit Brackwasser. Obwohl es rund um die Lache von Giftschlangen und Insekten nur so wimmelte, stürzten sich die durstigen Männer auf das lauwarme, bakterienverseuchte Wasser. Nach dieser zweifelhaften Labung machten sie sich wieder auf den Weg und durchsuchten auf beiden Seiten des Berges eine Anzahl von Höhlen und Spalten, ohne allerdings in der vorgesehenen Zeit die Arche zu finden. Als die offizielle Genehmigung auslief, hatte es am Ararat schon zu schneien begonnen, und damit wurden weitere Forschungen für ein ganzes Jahr unmöglich.

Mit Walter Wood sprach der Autor in Glen Cove, New York:

Wie schätzten Sie damals, im Jahre 1949, die Gefahren einer Ararat-Besteigung ein?

Wir waren die erste ausländische Expedition seit Beginn des Zweiten Weltkriegs. Einige türkische Journalisten behaupteten, wir würden das Unternehmen nicht überleben. Als wir in Istanbul ankamen, suchten wir bei der türkischen Polizei um eine Genehmigung für die Arche-Expedition an. Der Polizeibeamte sagte daraufhin so etwas wie: „Warum gehen Sie nicht in Ihr Hotel und schlafen sich aus – morgen werden Sie sich wieder besser fühlen." So ähnlich klang es jedenfalls in der Übersetzung. Dann fügte er noch hinzu: „Es gibt so viele schöne Orte in der Türkei. Warum besuchen Sie nicht einen von diesen?"

Haben Sie sich nicht an die amerikanische Botschaft oder an das Konsulat um Hilfe gewandt?

Wir suchten den Generalkonsul auf. Viel tat er nicht. Nicht einmal unser Geld und unsere Wertsachen wollte er aufbewahren. Ich fragte ihn: „Wofür werden Sie eigentlich bezahlt?" Worauf er mir erwiderte: „Das werden Sie sehen, wenn Sie im Gefängnis landen." Ich gab zurück: „Wollen Sie damit sagen, daß wir so lange auf Antwort warten müssen?"

Wir versuchten es also nicht mehr mit dem Konsulat, sondern konzentrierten uns auf die Türken. Man riet uns, unser Ansuchen beim „Verein für den Schutz alter Denkmäler" einzureichen, was wir auch taten. Als wir endlich die Genehmigung in der Hand hatten, fuhren wir nach Beyazit, wo man uns Wachen zuteilte, die uns vor den Zigeunern und Schmugglern auf dem Ararat schützen sollten. Ich glaube, es war eine Meisterleistung, die Türken davon zu überzeugen, daß wir keine Schwindler waren. Ich sagte zu ihnen: Wenn wir Erfolg haben, wird das die größte Fremdenverkehrsattraktion aller Zeiten.

Welchen Teil des Berges haben Sie erkundet?

Wir blieben ungefähr einen Monat in der Gegend und suchten verschiedene Stellen des Berges ab. Wir fuhren sogar auf die russische Seite hinüber, fast bis zu den russischen Grenzstationen und der Hängebrücke bei Iğdir. Zu dieser Zeit brachte der russische Rundfunk immer wieder Berichte über „amerikanische Spione, die sich auf dem Ararat unter dem Vorwand herumtreiben, nach der Arche zu suchen".

Wood bezweifelte, daß die Arche nach 4 000 Jahren, in denen sie Vulkanausbrüchen, Stürmen und Erdbeben ausgesetzt gewesen war, noch eine erkennbare Gestalt behalten hatte. Aber kurz nach dem Abstieg traten einheimische Bergführer an die Gruppe heran und machten sich erbötig, gegen eine Art Erfolgshonorar von 5 000 Dollar die Arche oder deren Überreste zu suchen. Sie brachen auf, „wie Bergziegen über das Geröll springend", um Woods Worte zu gebrauchen, und das, obwohl „manche der Männer schon sehr alt waren". Als sie zurückkamen, erklärten sie: „Es tut uns leid. Wir dachten, wir würden die Arche finden, aber diesmal hatten wir keinen Erfolg. *Inschallah!*"

Egerton Sykes, ein englischer Forscher, Autor und Wissenschaftler, der sich vor allem mit Urgeschichte befaßte, Veteran beider Weltkriege war und häufig den Nahen Osten bereiste, war unter anderem als Untersekretär an der britischen Botschaft in Polen tätig gewesen. Die Erfahrungen, die er machte, als er für seine Expedition um eine Genehmigung zur Ararat-Besteigung ansuchte, können als Beispiel dafür dienen, welche Nachteile, ja sogar Gefahren jemand zu gewärtigen hat, der enge Beziehungen zu einer ausländischen Regierung unterhält.

Seit Jahren hatte Sykes das Ararat-Gebirge eingehend erforscht und beträchtliches Material gesammelt. Es war ihm gelungen, einige Forscher und Bergsteiger für seine im Jahr 1949 geplante Ararat-Expedition zu gewinnen. Sykes konnte wegen seiner ausgedehnten Erfahrungen im osteuropäischen Raum und im Nahen Osten, wegen seiner Sprachkenntnisse und seiner Vertrautheit mit früheren Forschungsreisen und den Sintflut-Legenden als höchst kompetenter Mann für die Suche nach der Arche gelten.

Vielleicht zu kompetent. Denn noch während er auf die offizielle Genehmigung wartete, erhielt der deutsche Pressedienst über Fernschreiben eine Nachricht, in welcher auf die Besorgnis der sowjetischen Regierung im Zusammenhang mit der vermeintlichen Spionagetätigkeit von Sykes hingewiesen wurde. Sykes befürchtete, daß man ihm auf Grund dieses Artikels die Genehmigung verweigern würde. Diese Vermutung war richtig. Nach Erscheinen des Artikels erhielt er die Verständigung, daß sein Ansuchen abgelehnt worden sei. Er bemerkt dazu: „Ich wurde von der *Prawda* und von Radio Moskau heftig angegriffen, weil ich es gewagt hatte, mich auf eine völlig harmlose archäologische Untersuchung einzulassen – was sehr bedauerlich war."

Die Weltpresse beschäftigte sich ausführlich mit den *Prawda*-Kommentaren und Sykes' Äußerungen. In einem Leitartikel der *Prawda* etwa war zu lesen: „Betrachtet man die Landkarte, so werden einem die biblischen Vergnügungen der angloamerikanischen Imperialisten nur zu verständlich... Der Ararat liegt zwar teils in der Türkei und teils in Persien, doch er überragt das sowjetische Armenien. Die Expedition von Sykes wird zu dem Zweck finanziert, unser Hoheitsgebiet auszuspionieren." Sykes antwortete darauf, wenn auf dem Ararat genug Eis liege, um die Arche über Jahrtausende zu konservieren, so denke er nicht daran, in dieser Eisgruft herumzusitzen und „durchs Fernrohr eine endlose russische Wüste anzustarren". Der *Calcutta Statesman* warnte Sykes in einem Leitartikel, ja nicht auf der falschen Seite des Berges abzusteigen, denn der russische Geheimdienst, der ihn empfinge, wäre wohl nicht einmal, wenn er Teile der Arche mitbrächte, von seiner archäologischen Legitimation zu überzeugen, da „diese Leute leider eher an Spione als an die Bibel glauben".

6
Berichte über Sichtungen der Arche

Es gibt eine Reihe von Personen, die behaupten, die Arche aus der Nähe gesehen, berührt, ja sogar Stücke des Schiffes mitgenommen und öffentlich gezeigt zu haben. Diese Berichte sind vergleichsweise jüngeren Datums, fanden weitreichendes Echo in der internationalen Presse und wurden auch in Büchern kommentiert. Trotzdem sind merkwürdigerweise nicht einmal in der heutigen Zeit Fotografien verfügbar, auf denen die Arche klar erkennbar wäre, weder von den zwei russischen Expeditionen aus der Zarenzeit noch von den anderen Bergsteigern und hauptsächlich religiös motivierten Arche-Expeditionen aus den Vereinigten Staaten. Die Fotografien, die angeblich existierten, sind entweder verlorengegangen oder wurden als nicht überzeugend angesehen, und die Satellitenbilder zeigen ein Objekt, das so klein ist, daß man gerade noch annähernde Messungen, keineswegs jedoch genaue Untersuchungen vornehmen kann.

Das Fehlen sicherer Beweise hat allerdings wenig Einfluß auf den Glauben von Millionen Menschen, seien es nun die Christen oder die Mohammedaner, die Juden in den verschiedenen Ländern der Welt oder eine Anzahl von Leuten, die in der Türkei, im Iran oder in der armenischen Sowjetrepublik nahe dem Ararat beheimatet sind.

Tom McNellis, ein amerikanischer Geschäftsmann mit Wohnsitz in Deutschland, der im Sommer 1985 Wanderungen im unteren Teil der Nordwest- und Nordosthänge des

Ararat unternahm, bestätigte dem Autor in einem Gespräch in Dogubeyazit die Richtigkeit einer unter den Einheimischen festverwurzelten Überzeugung. McNellis entdeckte, daß ihm sein fließendes Deutsch bei Unterhaltungen mit Ortsansässigen sehr zustatten kam, vor allem bei den älteren türkischen Offizieren, die in Deutschland ausgebildet worden waren und den Zweiten Weltkrieg noch lebendig in Erinnerung hatten, aber auch bei jüngeren Türken, die sich als Gastarbeiter in Deutschland aufgehalten hatten. Nach McNellis' Erfahrungen waren viele Bewohner der Dörfer am Nordosthang des Ararat fest davon überzeugt, daß man die Arche ganz leicht finden könnte: „Man steigt einfach links entlang der Ahoraschlucht bergauf und wendet sich dann wieder nach links. Auf diesem Weg erreicht man nach kurzer Zeit die Arche."

Von den unteren Hängen, so erklärte man ihm, wäre die Arche nicht zu sehen, weil das Schiff, das ja vor Tausenden Jahren vom Gipfel herabgeglitten sei, unter dem Gletscher bzw. unter der Schneedecke des Gletschers begraben liege.

Schon seit längerer Zeit wird die Ansicht vertreten, daß ein Auffinden der Arche vom Wetter abhängig ist, und zwar von bestimmten Warmwetter-Zyklen, die das Eis über der Arche schmelzen lassen oder eine Verlagerung der Eismassen bewirken, wodurch das große Schiff für kurze Zeit sichtbar wird. Egerton Sykes, der diese Zyklen jahrelang erforschte, gelangte zu der Ansicht, daß die kürzeren Zyklen in einem Intervall von sieben Jahren wiederkehren, während extrem heiße Perioden alle zwanzig Jahre eintreten.

In einem Artikel der *Associated Press* vom November 1948 berichtet der Korrespondent Edward Greenwald, daß ein türkischer Bauer namens Reşit während einer dieser Hitzeperioden offensichtlich auf die Arche gestoßen sei. Dies ist in unserem Zusammenhang insofern besonders wichtig, als Reşit schon oft an jener Stelle gewesen war, aber nie zuvor etwas bemerkt hatte. Seine Informationen bezog Greenwald nicht von Reşit selbst, sondern von einem Grundbesitzer aus der Umgebung, einem gewissen Schukru Arsena, der in das Istanbuler Büro der *Associated Press* kam und von dem Vorfall berichtete.

Greenwalds Bericht zufolge ist Reşit in einer Höhe von 3 600 bis 3 900 Metern auf ein Objekt gestoßen, das wie der Bug eines Schiffes aussah und über den Rand eines Abgrunds hinausragte, in den schmelzendes Eis und Schnee hineingestürzt waren. Reşit hatte erklärt, der Bug sei ungefähr von „der Größe eines Hauses". Der Rest des „Schiffes" war von Eis und Schnee bedeckt. Diese Beschreibung, vielleicht eines jahreszeitlich bedingten Phänomens, stimmt ziemlich genau mit den Beobachtungen von Leutnant Schwinghammer und anderen Piloten der 428. taktischen Fliegerstaffel überein, wovon schon an anderer Stelle die Rede war. In dem Bericht heißt es weiter:

> Reşit kletterte hinunter und versuchte, mit seinem Dolch ein Stück des Buges herauszubrechen. Das Holz war schwarz vor Alter und so hart, daß sich kein Splitter lösen ließ. Reşit beharrte darauf, daß es sich nicht einfach um eine Felsformation handelte. „Ich werde doch noch ein Schiff erkennen", sagte er. „Hier handelt es sich um ein Schiff."
> (Diese Bemerkung stimmt fast wörtlich mit der Behauptung überein, die David Fasold achtunddreißig Jahre später machte. Fasold mit seiner langjährigen Erfahrung im Tiefseetauchen und Orten von Schiffswracks kann dies freilich mit noch größerem Recht von sich behaupten.)

Von Reşits Bericht ermuntert, kletterten einige Dorfbewohner den Nordhang des Berges hinauf, um das schiffsähnliche Objekt zu besichtigen, und gelangten einhellig zu der Auffassung, daß es sich wirklich um ein großes Schiff handelte. Diese Nachricht griffen die Zeitungen in aller Welt auf, wie dies auch schon bei früheren angeblichen Sichtungen der Arche auf dem Ararat geschehen war. Berichte dieser Art stellten natürlich einen wichtigen Anreiz für weitere Expeditionen dar, darunter auch für jene von Dr. Aaron Smith, dessen Pechsträhne schon im vorigen Kapitel geschildert wurde. Aber obwohl man diesen Reşit eifrig suchte, blieb er bis heute unauffindbar.

Tim LaHaye und John Morris, die Autoren eines sehr überzeugenden Werkes über die Archeforschung mit dem Titel *The Ark on Ararat*, äußern die Vermutung, daß Reşit offensichtlich freiwillig verschwunden ist, weil er als Türke und Mohammedaner nicht gewillt war, an einer von strenggläubigen ausländischen Christen veranstalteten Suche teilzunehmen, und es deshalb für ratsam hielt, in die Anonymität zurückzutreten.

Der vielleicht bekannteste und sicher meistveröffentlichte Bericht über eine Sichtung der Arche stammt von Fernand Navarra, einem französischen Industriellen aus Bordeaux, der auch als Verfasser von *Ich fand Noahs Arche* Bedeutung erlangt hat. Sein Werdegang und die angebliche Entdeckung erinnern deutlich an Heinrich Schliemann, den erfolgreichen deutschen Kaufmann des 19. Jahrhunderts, der seit seinem siebenten Lebensjahr davon geträumt hatte, Troja zu entdecken, das man damals noch ins Reich der Sage verwies. Nachdem Schliemann als Pelzhändler ein Vermögen erworben hatte, reiste er in die Türkei und heuerte Hilfskräfte an, mit deren Hilfe er einen großen Hügel abtrug und mehrere übereinandergebaute Städte entdeckte. Eine davon erwies sich als das mythische Troja aus der Sage vom Trojanischen Krieg – die Sage war Wirklichkeit geworden.

Auf Navarra übte die Legende von der Arche eine ähnliche Faszination aus, schon seit seinem vierten Lebensjahr, als ihm seine Mutter die Geschichte das erste Mal erzählte, nachdem man ihn aus einem Teich gefischt hatte, in den er versehentlich hineingestürzt war. Diese Geschichte blieb in seinem Gedächtnis haften, und er faßte den Entschluß, eines Tages nach der Arche zu suchen.

Dieser Entschluß festigte sich noch während seines Kriegsdienstes in der französischen Armee in Syrien vor dem Zweiten Weltkrieg. Wenn er nicht im Dienst war, unternahm er ausgedehnte Touren in den Hügeln und Bergen rund um Damaskus, und eine dieser Touren führte ihn gemeinsam mit seinem armenischen Freund Alim auf den Berg Hebron. Obwohl Alim, noch bevor sie die Spitze erreicht hatten, aufgab, kletterte Navarra bis auf den 3 600 Meter hohen Gipfel und blieb dort einige Stunden. Alim, der unten wartete, hatte Navarra schon für verschollen oder tot gehalten und war so glücklich, ihn lebend wiederzusehen, daß er ihm von seinen Erinnerungen an den Ararat erzählte und dabei auch erwähnte, sein Großvater hätte ihm versichert, daß die Arche zugänglich und für einen Bergsteiger durchaus zu erreichen wäre. Alim drängte Navarra, an seiner Stelle den Ararat zu besteigen und dadurch endlich einen Menschheitstraum zu verwirklichen. Dies gab Navarra den Anstoß, sich im Laufe vieler Jahre eingehend mit der Arche zu beschäftigen, Material zu sammeln und mit seiner Firma (einem Abbruchunternehmen) so viel Geld zu verdienen, daß ihm später ausreichende Mittel für seine Forschungen zur Verfügung stehen würden.

Bei seiner ersten Expedition im Jahr 1952 gelang es Navarra nicht, der Welt einen Beweis für das Vorhandensein der Arche zu liefern, aber die zufällige Wahrnehmung eines riesigen, dunklen Objekts unter der Eisdecke, das einem Schiff sehr ähnlich sah, war ihm Beweis genug, daß es sich dabei um die Arche handelte. Dieses Objekt würde ihm bei einer weiteren Expedition auch als Markierungspunkt dienen (wenn man bei fließendem Gletschereis überhaupt von einem Markierungspunkt sprechen kann).

Nachdem er in Ankara um die Bewilligung zur Besteigung des Ararat angesucht und sie nach längerer Wartezeit auch bekommen hatte, machten sich Navarra, der Forscher und Alpinist Baron Jean de Riquier, Alaaddin Seker, ein türkischer Filmemacher und Bergsteiger, sowie drei weitere Personen auf den Weg nach Dogubeyazit. Von dort aus unternahm die Gruppe, manchmal begleitet von der örtlichen Gendarmerie, von Hirten und, wenn möglich, von Reitern, eine Anzahl von Erkundungstouren auf den Ost- und Nordosthängen des Berges, die sie bisweilen ganz nahe an die russische Grenze heranführten, eine Zone, die heute militärisches Sperrgebiet ist. Die Gruppe hatte mit den üblichen Schwierigkeiten zu kämpfen, also mit Schneebrettern, Blitzschlag, Gewitterstürmen, Moskitoplagen, mit Packtieren, die das Gepäck verstreuten und zertrampelten, aber im August 1962 erreichte sie dennoch den Gipfel.

Eine zweite Serie von Besteigungen über den Ahorapfad bis zum Küpsee ergab, daß der Gegenstand, der vielen als Arche galt, nichts war als ein riesenhafter Felsvorsprung, obwohl ihn die Mönche von Echmiadzin den Reisenden oft als Lageplatz der Arche vorgestellt hatten. Nachdem sie den Küpsee hinter sich gelassen hatten, setzten sie den Weg bergauf fort. In einer Höhe von 4 400 Metern blieben einige Mitglieder der Gruppe zurück. Navarra und de Riquier gingen weiter bis auf 4 900 Meter, erkletterten eine Felskuppe und sahen unter sich im Gletschereis eine längliche, dunkle Masse, deren Umrisse jenen eines Schiffsrumpfes ähnelten. (Die Sonne stand damals in einem Winkel von 45°, wodurch die Lichtreflexion schwächer und das Eis damit durchsichtiger wurde.) Andere, balkenförmige Schatten unter dem Eis setzten das Schema des länglichen Objektes fort. Die beiden Forscher nahmen mit ihren Schritten Maß, überquerten das darüberliegende Eis von einem bis zum anderen Ende des Gegenstandes und kamen schließlich auf eine Länge von hundertfünfundzwanzig bis hundertfünfunddreißig Metern. In seinem Buch beschreibt Navarra, was in ihm vorging, als er das Objekt in Augenschein nahm:

„Was konnte das sein, in dieser Höhe, mitten in einer Eiswüste? Die Reste eines Gebäudes, einer Kirche, einer Schutzhütte oder eines Hauses, das in keinem Bericht, in keiner Überlieferung erwähnt, nie von jemand gesehen worden war, der diese Stelle passiert hatte?" Navarra überlegte, ob die Balken vielleicht Überreste eines abgestürzten Flugzeugs waren, aber, wie er in seinem Buch erwähnt, für den Bau eines Flugzeuges wurden niemals große Holzbalken verwendet. Er schreibt: „Ich mußte die Beweise gelten lassen: was ich sah, waren die Überreste der Arche ... es konnte gar nicht anders sein." Seiner Schlußfolgerung nach hatte er durch das durchsichtige Eis die Balken des Schiffsrumpfes oder des Kiels gesehen; der Oberbau hatte sich im Lauf der Jahrtausende wahrscheinlich vom Rumpf gelöst.

Navarra bemerkte, daß die unter dem Eis liegenden Umrisse durch dicke, gerade Linien verbunden waren, die mächtigen Balken, wie man sie wohl zum Bau eines großen Schiffes verwendet hatte, sehr ähnlich zu sein schienen. Da aber immer wieder größere und kleinere Felsbrocken aus der Höhe herunterstürzten, wäre eine weitere Untersuchung für den Moment zu gefährlich und zu zeitraubend gewesen, also nahm Navarra eine möglichst genaue Standortbestimmung vor, damit er später noch einmal zurückkehren und den faszinierenden Schatten unter dem Eis eingehender untersuchen konnte.

Eine weitere Besteigung im Folgejahr brachte ebenfalls kein Ergebnis. In Begleitung von Alaaddin Seker erreichte Navarra die betreffende Stelle, aber Schwindelanfälle zwangen ihn zum Abstieg. Immerhin gelang es ihm, den Gegenstand durch das Eis hindurch zu fotografieren, nur waren die Bilder verständlicherweise nicht sehr überzeugend.

Wieder in Frankreich, absolvierte er ein intensives Klettertraining und hielt sich durch die Ersteigung einiger Berge in den Alpen und Pyrenäen fit.

1955 kehrte er in Begleitung seiner Frau und seiner drei Söhne, angeblich als Tourist, in die Türkei zurück. Der alleinige Zweck der Reise war jedoch die Besteigung des Ararat, und diesmal wollte er ein Fundstück mitnehmen, das bewies, daß er die Arche gesehen oder berührt hatte. Die Zeit schien günstig zu sein – 1955 war das geodäsische Jahr, in dem die Gletscherschmelze stärker sein würde als in Jahrzehnten zuvor. (In eben diesem Jahr stellte eine internationale Expedition fest, daß die Antarktis nicht aus einer, sondern aus zwei Landmassen besteht, eine in der Neuzeit bislang unbekannte Tatsache, die allerdings ihre Berücksichtigung findet auf alten Seekarten, Jahrtausende vor der offiziellen Entdeckung der Antarktis, als das Gebiet offensichtlich noch nicht mit Eis bedeckt war.)

Möglicherweise um etwaige Verzögerungen oder eine Verweigerung der Aufstiegsgenehmigung zu verhindern, näherte sich Navarra in Begleitung seiner Familie dem Ziel sehr gemächlich, um keinen Verdacht hinsichtlich des eigentlichen Grundes seiner Reise aufkommen zu lassen. (Ein Mann, der den Ararat besteigen will, würde kaum Frau und Kinder zu einem so gefährlichen Unternehmen mitschleppen, außerdem bestand damals für Ausländer ein Einreiseverbot in die östliche Türkei.)

Sie reisten über Syrien in die Türkei ein, und Navarra nahm die Mitteilung des türkischen Konsuls in Syrien, daß Reisen in die östliche Türkei für Ausländer verboten seien und der Ararat im Sperrgebiet liege, wortlos zur Kenntnis. Trotzdem fuhr er über die Grenze bis zum Vansee, der im Sperrgebiet lag, und erkundigte sich einfach unterwegs nach der richtigen Fahrtroute. Auf einem Zickzackkurs näherte er sich Erzurum, einer großen Stadt in der Nähe des Ararat. Wurde er angehalten, so wies er sein iranisches Visum vor, und da Erzurum auf dem Weg in den Iran lag, war die Sache damit erledigt. Die Familie bezog in Karaköse Quartier, das unweit von Dogubeyazit liegt, der größeren Stadt in der Gegend des Ararat. Damit hatte sich die Familie ein geeignetes Ausgangslager geschaffen, und nun fuhr man, freundlich winkend, aber ohne anzuhalten, an der Polizeistation vorbei und ein beträchtliches Stück an der Westflanke des Ararat bergauf. Dann wurde haltgemacht, und Navarra begann mit seinem jüngsten, damals elf Jahre alten Sohn Rafael den Aufstieg. Die Vorräte trugen sie selbst. Ihr erstes Ziel hatten sie ohne offizielle Genehmigung erreicht, eine Taktik, die schon damals nicht ratsam war und seither strikt vermieden werden muß.

Das Vater-Sohn-Team schaffte es offenbar, „Teile der Arche" zu finden und, was fast ebenso schwierig ist, ein Teilstück mitzunehmen und außer Landes zu bringen. Was sie in den vier Tagen und Nächten auf dem Ararat erlebten – einen unvermittelt hereinbrechenden Schneesturm, ein endloses Auf und Ab über Grate und durch Schluchten, Steinschlag, von dem Navarra getroffen wurde, und dreizehn Stunden in einer Eishöhle, in der sie alles daransetzen mußten, um nicht zu erfrieren – ist ein weiterer Beweis dafür, daß der Ararat den Namen *Ağri Dağhi* (Berg der Schmerzen) zu Recht trägt, und darüber hinaus ein Anlaß, diesen Männern für ihre Härte und Ausdauer Hochachtung zu zollen. Als sich der Sturm legte und die Wolken sich verflüchtigten, war Navarra auf der Erhebung am Rande jenes Gletschers angelangt, unter dem er bei einer früheren Expedition die Arche gesehen zu haben glaubte. Das Eis wies jetzt Risse und Spalten auf, die mitunter acht bis zehn Meter tief waren und bis hinunter zu der Stelle reichten, wo Wasser unter dem Gletscher abfloß, ein sicheres Zeichen, daß der Gletscher stark schmolz. Zu seiner großen Freude bemerkte Navarra Linien, die jenen „Balken" ähnelten, die er fotografiert hatte. Dann aber kam ihm plötzlich der

Gedanke, daß der Moränenschutt unter dem Eis eine Art Muster geschaffen haben könnte und er vielleicht nur Vulkanerde fotografiert hatte, die eine nicht existierende Arche vortäuschte.

Sein Sohn Rafael befreite ihn aus diesem Dilemma, indem er vorschlug, eines der Muster aufzuhacken. Navarra folgte diesem Rat und ließ sich an einer Strickleiter in eine Gletscherspalte hinunter. Nun stellte er fest, daß sich unter dem Moränenschutt hölzerne Balken befanden, die ganz offensichtlich von Hand behauen waren. Er versuchte, einen Balken aus dem schmelzenden Eis zu lösen, doch war er anscheinend irgendwo befestigt – nach Navarras Ansicht am Schiffsrumpf. Unter beträchtlichen Schwierigkeiten durchtrennte er den Balken und hievte ein rund eineinhalb Meter langes Stück nach oben. Obwohl ihn dieser Erfolg in Hochstimmung versetzte und er ganz sicher war, ein Stück des „ältesten Schiffswracks" der Welt gefunden und an sich gebracht zu haben, war er sich doch im klaren darüber, daß er mit Schwierigkeiten zu rechnen hatte, wenn er den Holzbalken den Berg hinuntertransportieren und außer Landes schaffen wollte. Er zersägte das Stück in drei Teile und verstaute diese in verschiedenen Gepäckstücken.

Am Fuß des Berges wurden sie von Soldaten aufgehalten, die ihnen befahlen, die Rucksäcke zu entleeren. Ihr besonderes Interesse galt den Kameras (die damals auf dem Ararat verboten waren). Sie wollten bloß fotografiert werden und interessierten sich gar nicht für die Stücke der Arche, die sie nach Navarras Meinung für Brennholz hielten. Obwohl das „Brennholz" die Kontrolle passiert hatte, mußte Navarra erklären, warum er sich ohne Erlaubnis in einem Sperrgebiet aufhielt. In einer Unterredung mit dem Kommandanten schilderte er seine Begeisterung für das Bergsteigen im allgemeinen und eine Ararat-Besteigung im besonderen so überzeugend, daß der Kommandant nicht nur die schon begangene Gesetzesübertretung ignorierte, sondern ihm auch die Genehmigung erteilte, den Berg zu besteigen, von dem er eben kam, ein Angebot, das Navarra höflich ablehnte.

Vor der Rückkehr nach Frankreich besuchten Navarra und seine Familie Ägypten, wo er eines der Holzstücke der Archäologischen Abteilung des Nationalmuseums in Kairo zur Begutachtung vorlegte und um Stellungnahme bat. Er erfuhr, daß das Alter des Holzes auf 5 000 bis 6 000 Jahre geschätzt werde. Das ägyptische Landwirtschaftsministerium meinte, es stamme aus der Zeit um 5 000 v. Chr. und erklärte, daß es sich bei dem geschwärzten Stamm um eine Eiche handelte. (Dazu sei bemerkt, daß das in der Genesis erwähnte Holz, das zum Bau der Arche verwendet wurde, von den Wissenschaftlern als *weiße Eiche* klassifiziert wird. Da aber in einem 1 000 Kilometer-Umkreis vom Ararat keine weiße Eiche wächst, muß man annehmen, daß ein Schiff aus solchem Holz in einer beträchtlichen Entfernung vom Ararat gebaut und erst später von Menschen oder von einer ungeheuren Flutwelle dorthin gebracht wurde.) Spätere Messungen mit Hilfe von Karbontests und anderen Methoden wurden durchgeführt von den Universitäten von Bordeaux und Madrid; sie wiesen auf ein Alter von 4 000 bis 5 000 Jahren hin, die Untersuchung an der University of California ergab ein Alter von 1 250 Jahren, und schließlich erfolgte eine weniger verheißungsvolle Zuordnung in das Jahr 560 n. Chr. durch eine Messung an der University of Pennsylvania.

Man darf nicht vergessen, daß die Datierung alter Hölzer und anderer organischer Materialien durch die C-14 Methode immer nur Näherungswerte erbringt. Kohlenstoff zerfällt nicht immer in exakt derselben Zeit, und außerdem kommt es vor, daß Industrieabfälle oder Brennstoffrückstände zu einer Inkohlung in situ führen, wodurch ein Gegenstand unter Umständen viel älter erscheint, als er tatsächlich sein kann. Dies zeigten Karbontests an herabgefallenen Zweigen von

Bäumen, die entlang den deutschen Autobahnen *nach* deren Fertigstellung gepflanzt worden waren. Die heute angewendeten Datierungsmethoden sind wesentlich spezialisierter als noch vor wenigen Jahren und umfassen atomphysikalische und paläomagnetische Untersuchungen, Spektralanalysen, Kalium-Argon-Tests und Thermoluminiszenz. Es wäre sehr interessant, die Fragmente der Arche – wenn nach den vielen schon durchgeführten Untersuchungen noch genug davon übriggeblieben sind – mit den heutigen Methoden zu untersuchen, um ihr wirkliches Alter festzustellen. Denn die Untersuchungen des von Navarra vorgelegten Balkenteiles ergeben für das Holz zwar ein beträchtliches, wenn auch je nach dem Ort der Untersuchung divergierendes Alter, aber diese Datierungen liegen noch innerhalb des Bereiches der Geschichtsschreibung und nicht in jener sagen- und legendenumwobenen Zeitspanne, als große Katastrophen die Erde erschütterten und überfluteten, vorausgesetzt freilich, daß der Zerfall des C-14 nicht durch den Gefrierungsprozeß im Eis verlangsamt wurde.

Noch 1965 kehrte Navarra, nun weltberühmt, mehrere Male an die Stelle seines Fundes zurück. Er brachte weitere Holzstücke von seinen Touren mit, aber niemals lüftete er den Schleier des Geheimnisses über deren Herkunftsort. Einige andere Forscher und Schriftsteller, die sich mit der Arche auf dem Ararat befaßten, vertraten die Ansicht, daß er einige der später aufgetauchten Hölzer von Spanien auf den Ararat geschafft und dann in den hochgelegenen Regionen unter dem Eis „gefunden" hätte. Violet Cummings, kenntnisreiche Archivarin umfassenden Quellenmaterials über die Arche, Buchautorin (*Has Anyone Really Seen Noah's Ark?*) und Ehefrau von Eryl Cummings, dem Ararat-Besteiger und Besitzer der umfangreichsten Dokumentationssammlung über die Arche, hat darauf aufmerksam gemacht, daß Navarra bei den späteren Besteigungen die Suchtrupps offenbar nicht zur ersten Fundstelle, sondern zu anderen Plätzen geführt hat.

An einer dieser späteren Expeditionen im Jahre 1968 nahm neben Bud Crawford und einem Französisch-Englisch-Dolmetscher auch Achmed Ali Arslan als Führer teil. Achmed bekundet große Bewunderung für Navarra, den erfahrenen Alpinisten und Forscher, und sagt, er schulde Navarra Dank für alles, was er ihm auf dem Gebiet des Bergsteigens beigebracht habe. Er beschreibt Navarra als jovialen, gutmütigen und begeisterungsfähigen Mann, soweit Arslan dies überhaupt festzustellen vermochte, denn er konnte sich mit Navarra nur über den Dolmetscher unterhalten.

Die Gruppe blieb rund zwei Wochen auf dem Ararat. Als sie sich in der Nähe des Küpsees befand, ereignete sich ein bis heute nicht geklärter Vorfall. Navarra entfernte sich plötzlich vom Lager. Arslan berichtet folgendes:

Er sagte nicht, wohin er ging. Als er nach etlichen Stunden immer noch nicht zurück war, bekam ich es mit der Angst zu tun. Selbst einem so erfahrenen Alpinisten wie ihm konnte etwas zustoßen. Vielleicht war er über eine Felswand oder in eine Gletscherspalte gestürzt und liegen geblieben. Nach einiger Zeit kehrte er schließlich doch zurück. Er sagte nicht, wo er gewesen war und was er getan hatte. Ich weiß nicht, was er zu seinem Dolmetscher sagte. Als ich ihn danach fragte, bekam ich keine Antwort...

Zwar sind auf den schneebedeckten Hängen oberhalb der Baumgrenze tatsächlich Holzstücke gefunden worden, doch handelt es sich dabei in manchen Fällen sicher um Brennholz, das Bergsteiger mitgebracht haben. Man kann jedoch kleine dünne Scheite, die im oder unter dem Schnee liegen, nicht mit mächtigen, behauenen Balken vergleichen, wie sie zum Bau von Schiffen oder Barken verwendet werden. Kurdische und türkische Bergsteiger haben solche Balken ziemlich nahe dem Gipfel gefunden. Normalerweise verlieren diese Bergsteiger über solche Funde nicht einmal ein Wort (mit Ausnahme Reşits, der aber von einem ganzen Schiff sprach), weil es ihrer Ansicht nach nur das bestätigt, was sie ja schon wissen – daß auf dem Ararat ein großes Schiff liegt.

Ismael Vural, ein ehemaliger Spinnereibesitzer aus Aralik, einer Stadt an der Nordostseite des Ararat, hat sein ganzes Leben in dieser Gegend verbracht. Sein Alter läßt sich anhand der Tatsache schätzen, daß er sich noch an den Ersten Weltkrieg erinnert. Er hat zwar nicht am Krieg teilgenommen, wohl aber an einer Sippenfehde, bei der es um die Rückgewinnung einer Schafherde ging, die während der Kriegswirren von Schäfern auf dem Ararat gestohlen worden war. Seine Sippe, angeführt von seinem Onkel, umstellte das Dorf der Schafdiebe und holte die Tiere zurück – mit Zinsen. Er erinnert sich noch sehr genau an dieses längst vergangene Ereignis: „Wir haben uns gerächt. Ich weiß alles noch ganz genau."

Ebenso genau erinnert er sich auch noch an einen Gegenstand, den man 1939 in der Nähe des Ararat-Gipfels fand. Achmed Ali Arslan führte im Jahr 1985 ein Gespräch mit Ismael in dessen Haus. Das Gespräch wurde auf türkisch geführt.

Wann und weshalb entschlossen Sie sich, den Ararat zu besteigen?

Es war 1939. Soldaten waren hier zum Klettertraining. Unsere Leute haben sie gefragt, ob sie bis auf den Gipfel gestiegen seien, und sie sagten ja, aber wir glaubten ihnen nicht. Einen Grundbesitzer namens Fassan hatte der Sturm vom Berg geschleudert, und deshalb glaubte das Volk, daß es unmöglich sei, den Berg zu besteigen. Mein Onkel

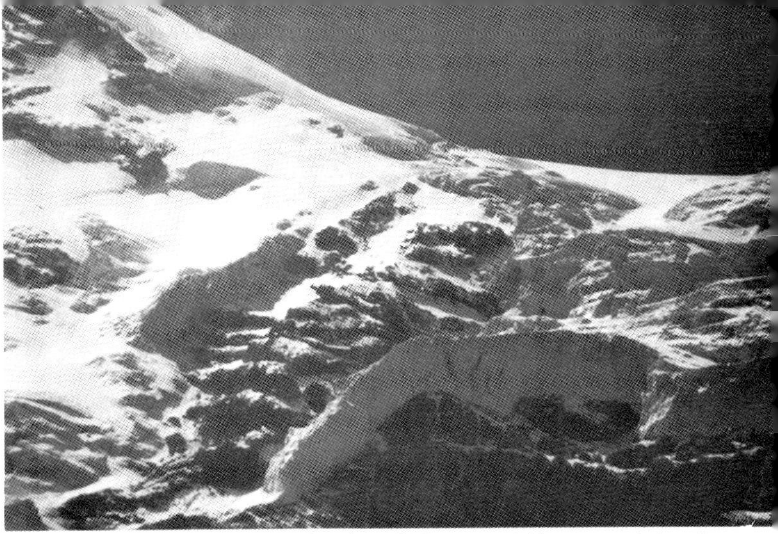

Blick nach Norden über den Gletscher Abich I. Vom Schlotgang zwischen den beiden Gipfeln gehen häufig Lawinen ab, die auf den Schwarzen Gletscher stürzen. (*Achmed Ali Arslan*)

Als Achmed Ali Arslan in dieser Höhle des Schwarzen Gletschers Zuflucht suchen wollte, entdeckte er, daß sie bereits von einer Bärin mit ihren Jungen bewohnt war. (*Achmed Ali Arslan*)

Der Eingang zu dieser Höhle unterhalb des Parrotgletschers wurde mit Pickeln freigelegt. Achmed Ali Arslan ließ sich an einem Seil in die Höhle hinunter und machte einige Aufnahmen. Die weißen Lichtreflexe auf dem Grund stammen vom Sonnenlicht, das vom Schnee zurückgeworfen wird. (*Achmed Ali Arslan*)

Plötzlich einfallender Nebel hat eine Bergsteigergruppe auf dem Osthang des Ararat überrascht. Bergsteiger müssen in einem solchen Fall warten, bis sich der Nebel verzogen hat, denn sonst könnten sie leicht in eine Gletscherspalte oder in eine Schlucht stürzen. (*Achmed Ali Arslan*)

Das Hufeisental im Nordosten von Ahora bei einfallendem Nebel. (*Achmed Ali Arslan*)

Der Autor mit einem Pferd, das aus einer lokalen Zucht stammt und in gebirgigem Gelände eingesetzt werden kann. Zaumzeug und Schmuck sind typisch für die Gegend. Auf dem Berg leben auch Wildpferdeherden. (*Achmed Ali Arslan*)

Gletscherschmelze auf dem Parrotgletscher. Die Schmelze legt Öffnungen und Stollen unter dem Eis frei, wo eine Reihe von Forschern die Arche vermuten. Das Wasser sammelt sich nicht in Bächen oder Flüssen, sondern tritt auf der Hochebene von Karabulak in Fontänen wieder aus. (*Achmed Ali Arslan*)

Das Moränen-Eis des Ahoragletschers, bedeckt mit Sand und Steinen. Das Schmelzwasser bildet den Trinkwasservorrat für die Bewohner der darunterliegenden Bergregionen. (*Achmed Ali Arslan*)

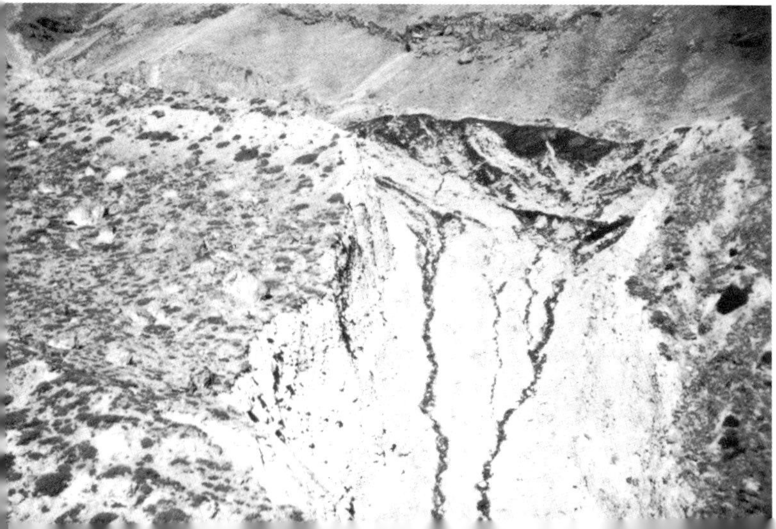

Achmed Ali Arslan überquert eine Gletscherspalte mit Hilfe des Eispickels. Einmal brach die dünne Eisschicht, und er stürzte 9 Meter in die Tiefe. Mit Hilfe von Eispickeln, Seilen und zwei Kumpanen konnte er sich aus der Spalte retten. (*Achmed Ali Arslan*)

Schafe auf dem Berg oberhalb der Ahoraschlucht. Diese Schafe sind hauptsächlich für den Export in den Iran, den Irak und nach Syrien bestimmt. (*Achmed Ali Arslan*)

Schmelzwasser in einer Spalte an der Nordseite der Parrotschlucht. 1965 berichtete Navarra, daß die Überreste der Arche an dieser Stelle unter dem Eis lägen, das hier an die 50 Meter dick ist. Während der alljährlichen Schmelze im August bilden sich Hunderte von Löchern, und das schmelzende Eis fließt in Sturzbächen ab. (*Achmed Ali Arslan*)

Der Pfeil markiert die Stelle, wo Rebellen im Jahre 1985 die Expedition von Probe Ministries angriffen. (*Jay Bitzer, Probe Ministries, 1985*)

Typische Gefahrenzone auf dem Hang der Ahoraschlucht, wo Bergsteiger, durch leichtes Schneetreiben, Wind und Nebel in der Sicht behindert, in Gletscher- oder Felsspalten stürzen können. (*Achmed Ali Arslan*)

Gletscher, der von Mih Tepe über den oberen Hang des Großen Ararat fließt. (*Achmed Ali Arslan*)

Mechmed Ali war mit ihm hinaufgeklettert und hatte uns erzält, was geschehen war. Sie hatten schon fast den Gipfel erreicht, als der Sturm losbrach und Fassan vom Berg fegte. Er wirbelte durch die Luft wie eine Watteflocke. Obwohl die Soldaten behaupteten, auf dem Gipfel gewesen zu sein, sagten unsere Leute, daß der Berg Nuh (Noah) nicht bezwungen werden könnte und daß er seine Geheimnisse hüten würde.

Waren Sie anderer Ansicht?

Ja. Ich versuchte einigen Freunden zu erklären, daß sie sich vielleicht doch irrten, denn kein türkischer Soldat würde Lügen über das Ergebnis einer Mission verbreiten. Ich sagte: „Schließen wir uns ihnen an, damit wir uns überzeugen können, ob sie wirklich den Gipfel bestiegen haben." Wir versuchten uns unter eine Gruppe von Soldaten aus Kars zu mischen. Zuerst verweigerte uns der Ortskommandant die Erlaubnis, weil wir nicht bei der Armee waren, aber dann änderte er seine Meinung.

Ein Oberleutnant aus Sarikamiş führte zusammen mit Leutnant Sevket die Gruppe an. Wir stiegen bis Sardar Bulak auf, und eine andere Gruppe bestieg den Kleinen Ararat. Sie gaben uns Anoraks und Kletterschuhe, ich allerdings bekam keine Schuhe. Während des Aufstiegs folgte ich mit den Offizieren den einfachen Soldaten.

Wir hatten den Gipfel fast erreicht, waren vielleicht noch zehn Meter davon entfernt. Ich suchte nach einem Bleistift, um meinen Namen und das Datum irgendwo zu verewigen, aber ich fand keinen. In diesem Augenblick sah ich einen langen Balken aus dem Schnee ragen – vielleicht drei Meter lang.

Wie sah er aus?

Er war handbehauen, mit Spuren von Axthieben, dick

und quadratisch, nicht rund. Er hatte eine Einkerbung, wo ein anderer Balken eingesetzt werden konnte. Ich blickte mich um nach weiteren Balken, aber wahrscheinlich lagen sie unter dem Schnee.

Kam Ihnen der Gedanke, es könnte sich um Teile der Arche Noah handeln?

Damals nicht. Ich sagte zu mir: „Bei Allah! Das haben wir sicher nicht selbst neben unserer Ausrüstung hierhergeschleppt. Was für ein dummer Hamal (Träger) hätte denn diesen Balken den ganzen Weg bis hierher getragen?" Hätte ich nur im entferntesten an die Arche gedacht, der Balken wäre niemals dort geblieben. Später hörte ich von anderen Bergsteigern, daß unter dem Eis noch mehrere solcher Balken lägen.

Wir aßen etwas von unseren Vorräten, und dann reinigten wir uns Gesicht, Hände und Brust mit Schnee, denn wir standen auf geheiligtem Boden.

Was geschah mit dem Balken?

Jahre später haben ihn einige meiner Freunde wiedergefunden. Sie ließen ihn liegen. Und noch einmal Jahre später kamen französische Bergsteiger, die Holzstücke fanden, worüber unsere Zeitungen damals berichteten. Ich weiß aber nicht, ob es dasselbe Balkenstück war.

Warum haben Sie den Ausländern denn nicht von dem Holzstück erzählt, das Sie gefunden hatten?

Hätten sie mich danach gefragt, dann hätte ich ihnen auch davon erzählt. Aber sie haben mich nicht gefragt.

Glauben die Menschen in der Gegend des Ararat an die Arche des Nuh, und daran, daß Sie ein Teilstück davon gefunden haben könnten?

Nicht nur ich, sondern alle Menschen in den Städten und Dörfern glauben daran. Unsere Großväter und auch die Großväter unserer Großväter haben seit altersher daran geglaubt. Es ist so, wie ich es meinem Sohn erzählt habe. Es ist ein heiliger Berg, und die Arche des Nuh liegt nahe dem Gipfel; und dort wird sie auch bleiben, denn das ist Allahs Wille. Das ist das Geheimnis des Berges, und dieses Geheimnis wird Er hüten.

Unter den ehemaligen und gegenwärtigen Bewohnern der Dörfer auf den Ararathängen haben viele behauptet, die Arche gesehen oder sogar berührt zu haben, doch haben sie ihre Erlebnisse nicht an die Presse weitergegeben, wohl weil sie darüber Stillschweigen bewahren wollten, vielleicht aber auch aus religiösen Motiven oder aus Angst um ihre persönliche Sicherheit. Der im dritten Kapitel erwähnte Armenier George Hagopian, geboren in der Nähe des Vansees, Soldat in der türkischen Armee, später Flüchtling und Gefangener in der Sowjetunion und schließlich amerikanischer Staatsbürger, berichtete von seiner Entdeckung erst im Jahr 1970, als die Weltpresse den Arche-Expeditionen bereits wachsende Aufmerksamkeit schenkte. Verständlicherweise fällt es schwer, einem einzelnen Augenzeugen zu glauben, was er vor mehr als einem halben Jahrhundert erlebt haben will, vor allem wenn es mit etwas so Geheimnisumwitterten wie der Arche Noah zusammenhängt. Die Geschichte, die Hagopian einem Freund erzählte, kam der *Search Organisation* zu Ohren, worauf Eryl Cummings, Elfred Lee und René Noorbergen mit Hagopian zusammentrafen und ihn dazu befragten. Selbstbewußt und mit überzeugender Offenheit sprach Hagopian über seine Kindheitserinnerungen an die Arche. Eineinhalb Jahre lang wiederholte und präzisierte er seine Geschichte in einer Folge von Interviews, beantwortete Fragen und bezog Stellung in einem blumigen, aber verständlichen

Englisch. Er fand sich auch bereit, Elfred Lee, der nicht nur Forscher, sondern auch Künstler und Fotograf war, Anweisungen bei der Skizzierung des Objektes zu geben, das er noch lebhaft in Erinnerung behalten hatte.

Er war acht Jahre alt, erzählt Hagopian, als ihn sein Onkel 1908 auf den Berg mitnahm. Ihr Weg führte an der Ahoraschlucht und am Grab des heiligen Jakob vorbei. Als das Gelände steiler wurde, hob ihn sein Onkel hoch und trug ihn auf den Schultern, bis sie eine Felsbank erreichten, die einen Abgrund überragte. Auf der Felsbank erblickten sie einen Gegenstand, ähnlich einem großen Schiff, das teilweise von Schnee bedeckt war. Fensterartige Öffnungen verliefen entlang der Seitenwände, und das Dach wies ein Loch auf. Hagopian glaubte zuerst ein aus Stein gebautes Haus vor sich zu haben, doch als ihm sein Onkel die Umrisse einzelner Planken zeigte und erklärte, es handle sich um ein hölzernes Bauwerk,

Die Arche Noah auf einer Felsplatte auf dem Berg Ararat. Die Zeichnung führte Elfred Lee nach den Angaben von George Hagopian aus, der behauptet, als Junge mit seinem Onkel die Arche aufgesucht zu haben und auf das Oberdeck des Schiffes gestiegen zu sein. Zeichnung © *Elfred Lee*, 1985

wurde ihm klar, daß sie auf die Arche gestoßen waren, die ihm auch schon von anderen Leuten ähnlich beschrieben worden war. Sein Onkel stellte sich auf einen Felsen und hob ihn in die Höhe, damit er das Dach der Arche berühren konnte. Dazu versicherte er ihm, er müsse keine Angst haben, „denn das ist ein heiliges Schiff ... (und) die Tiere und Menschen sind nicht mehr hier. Die sind schon lange fort." Hagopian kletterte auf das Dach, das ganz flach und leicht zu begehen war, kniete nieder und küßte es.

Während sie neben der Arche standen, schoß sein Onkel auf die Seitenwand, aber die Kugeln prallten ab, als wäre die Wand aus Stein. Darauf versuchte er, mit einem Messer ein Stück Holz herauszulösen, aber vergeblich. Sie blieben ungefähr zwei Stunden bei der Arche, betrachteten sie und aßen ihren Proviant. Als Hagopian ins Dorf zurückkam, begierig, den anderen Jungen von seinem Erlebnis zu erzählen, erhielt er auf seine Geschichte nur die ernüchternde Antwort: „Ja, die Arche haben wir auch gesehen."

Hagopian starb 1972. Da er mit Landkarten nicht richtig umzugehen wußte, war er auch nicht imstande, auf einer Bergkarte den Ort anzugeben, wo er die Arche gesehen und bestiegen hatte. Er blieb jedoch auf jede Befragung hin bei seiner Versicherung, daß er, käme er je wieder in das Ararat-Gebiet, einen Suchtrupp zur Arche führen könnte. Obwohl auch der Lügendetektor Hagopians Aufrichtigkeit bestätigte, hat sich doch nicht selten gezeigt, daß Berichte einzelner Personen, selbst wenn es Augenzeugenberichte sind, gewöhnlich in Zweifel gezogen werden, solange kein sicheres Beweismaterial aus anderen Quellen vorliegt. Nun gibt es allerdings eine zusätzliche Bestätigung für Hagopians Aussagen, und zwar im Zusammenhang mit der Sichtung eines bootsähnlichen Gegenstandes durch den damaligen Leutnant Schwinghammer (siehe Kapitel 3).

Schwinghammer hatte 1983 einen befreundeten Künstler

gebeten, nach seinen Angaben eine Skizze anzufertigen, solange er sich an das Gesehene noch genau erinnern konnte. Auch Elfred Lee hatte bei einem Gespräch mit Hagopian nach dessen Angaben eine detaillierte Skizze des angeblichen Schiffes angefertigt. Schwinghammer und Hagopian wußten nichts voneinander, noch wußten sie etwas von einer bereits vorhandenen Skizze der Arche.

Schwinghammer hatte dem Autor auf dessen Bitte hin eine Kopie seiner Skizze geschickt und erhielt fast zur selben Zeit per Post und ohne darum gebeten zu haben, ein Blatt mit der Lee-Hagopian-Version. Zu Schwinghammers Verblüffung waren die beiden Zeichnungen fast identisch: Die Arche befand sich in derselben Position auf dem Berg, und beide Darstellungen zeigten ein rechteckiges Schiff oder Hausboot auf einer Felsbank über einem Abgrund.

Als Schwinghammer die Zeichnung sah, sagte er: „Das sieht genauso aus wie das, was ich gesehen habe. Der Winkel, den das Objekt zum Hang einnimmt, ist derselbe, und auch die Position stimmt. Der einzige Unterschied ist, daß ich keine ‚Fenster' im Oberdeck bemerkt habe." Diese Abweichung läßt sich aber leicht erklären, bedenkt man Schwinghammers Flughöhe und -geschwindigkeit sowie den Umstand, daß der Gegenstand teilweise mit Schnee bedeckt war.

Das vielleicht Bemerkenswerteste an Schwinghammers Sichtung ist, daß er seine Beobachtungen am Nordosthang des Ararat machte, wo auch Hagopian, Navarra und andere die verschollene Arche gesehen haben wollen. Schwinghammer, der die Ahoraschlucht nicht erwähnte, ja nicht einmal kannte, war von Süden an den Ararat herangeflogen und hatte ihn gegen den Uhrzeigersinn in Richtung Osten und Nordosten in halber Höhe des Gipfels umkreist, als er das Objekt sichtete, auf einer Route, die ihn in die Nähe des Parrotgletschers über der Ahoraschlucht geführt hätte.

Das Interesse der Öffentlichkeit wurde in den letzten Jahren neu entfacht durch Artikel in religiösen und wissenschaftlichen Zeitschriften, in denen die verschiedensten Argumente für oder gegen die Existenz der Arche ausführlich diskutiert wurden, durch Berichte in der Tagespresse, durch Vorträge von Forschern und Entdeckungsreisenden, Sachbücher, ja sogar durch Romane und Filme über die Arche, die in aller Welt gezeigt wurden.

Selbst die Gemeinde der Wissenschaftler, die Berichte über die Arche lange mit schmunzelnder oder verächtlicher Skepsis bedacht oder als Ammenmärchen abgetan hat, bekundet neuerdings Interesse an dem Bauwerk, das möglicherweise hoch auf dem Ararat begraben liegt. Der derzeitige Wissenschaftsredakteur der *New York Times*, Walter Sullivan, schrieb in einem Bericht vom 26. Februar 1970 über die Arche Noah, daß das *Arctic Institute of North America*, das „vielleicht bedeutendste Institut für Polarforschung in Amerika", die Unterstützung einer Expedition zum Ararat beschlossen habe, die in einer Höhe von 4 600 Metern die Eisdecke über den angeblich „fünfzig Tonnen von behauenen Balken" abtragen sollte. Der Artikel sprach ferner davon, daß Navarra diese Balken entdeckt habe, vermied aber jeden unmittelbaren Hinweis darauf, daß es sich dabei um Teile der Arche handelte, und stellte vielmehr fest, daß das Interesse der Wissenschaft durch „Zeugnisse geweckt worden ist, wonach sich vor 1 300 Jahren irgendein – offensichtlich größeres – Bauwerk in der Nähe des (Ararat-) Gipfels befunden hat".

Die weltweite Berühmtheit der Arche hat von Jahr zu Jahr mehr Menschen nach Dogubeyazit gelockt; Forscher, Bergsteiger, Angehörige religiöser Gruppen, Archäologen, Journalisten, Fernsehleute und Touristen, die alle mit mehr oder weniger Eifer die Arche suchen, sie sehen oder Beweise gegen ihre Existenz erbringen wollen. Sie kommen in den Spätsommermonaten, zur Zeit der größten Gletscherschmelze, und das jedes Jahr, was zum Wohlstand von Dogubeyazit beiträgt und die wenigen Hotels überquellen läßt. Sollten die anderen umliegenden Städte der Öffentlichkeit wieder zugänglich gemacht werden, wird dasselbe mit ziemlicher Sicherheit auch in Iğdir, Aralik und Ahora geschehen.

In den letzten achtzehn Jahren wurden ausgesprochen ehrgeizige Expeditionsvorhaben geplant, deren Durchführung allerdings entweder an einer Verweigerung der Aufstiegs-Genehmigung scheiterte oder an der heiklen politischen Lage an der türkischen Ostgrenze, an Aktivitäten Aufständischer auf dem Berg oder auch daran, daß die Zeit für die Besteigung zu knapp bemessen war, weil die Genehmigung so lange auf sich hatte warten lassen.

Einige dieser Vorhaben lassen außerordentliche Entschlußkraft und Einfallsreichtum erkennen. Noch bevor der Berg in den siebziger Jahren zum Sperrgebiet erklärt wurde, veranschlagte die ARF, die *Archeological Research Foundation,* unter dem Vorsitz von George Vandermann 1967 ein Budget von einer Million Dollar für eine Expedition im Jahr 1968, die in Zusammenarbeit mit Cinerama verfilmt werden sollte. Die Expeditionsteilnehmer sollten auf dem Berg durch Sprechfunkgeräte miteinander in Verbindung stehen, und man plante auch den Einsatz großer Traktoren mit Wohnwagenanhängern. Da die Zusammenarbeit mit Cinerama nicht zustande kam, schickte man eine etwas kleinere Expedition aus, die weitere Balken entdeckte.

Eine andere Organisation, *Scientific Exploration and Archeological Research*, kurz SEARCH genannt, informiert in einem Zwischenbericht aus dem Jahr 1970 darüber, daß einer Berechnung des *Arctic Institute of North America* zufolge 900 000 Kubikmeter Eis und Schutt in dem bezeichneten Areal abgetragen werden müßten. Eine Kalkulation von Ralph Crawford, dem Präsidenten von SEARCH, ergab einen bereits geleisteten Kostenaufwand von 300 000 Dollar für die Voruntersuchungen sowie eine zusätzliche, auf eine weitere Million Dollar veranschlagte Summe für die Entfernung des Moränenschutts, der von der überhängenden Felswand auf das Bauwerk gestürzt war. Maschinen mit Hochleistungsmotoren würden dazu erforderlich sein, und per Hubschrauber sollten Grabungsgeräte eingeflogen werden.

Der bekannte Luftfahrtexperte Louis McCollum entwickelte einen Plan für die Ortung der Arche aus der Luft und den Einsatz von Flugzeugen als unterstützende Maßnahme bei den Grabungsarbeiten. McCollum, Besitzer und Geschäftsführer von *McCollum Aviation*, einer Chartergesellschaft, die auch den Verkauf von Flugzeugen tätigte, war selbst Pilot und besaß genaueste Kenntnisse über das Leistungspotential von einzelnen Flugzeugtypen. Er erklärte sich bereit, in Zusammenarbeit mit SEARCH Erkundungen aus der Luft vorzunehmen und die Arche zu finden, selbst wenn sie unter Eis und Schnee in den Schluchten oder unter den Gletschern des Ararat begraben läge. Sein Plan sah vor, Mannschaft und Material mit einem Hubschrauber für große Steighöhen zum möglichen Fundort zu fliegen, was im Vergleich zu einer Bergbesteigung eine wesentliche Zeitersparnis bedeutete. Der Hubschrauber selbst sollte mit einem Frachtflugzeug, einer DC-7, in die Türkei transportiert werden.

Die Wartezeit, die durch Verzögerungen in der Erteilung diverser Genehmigungen entstand, nützte McCollum, um dem damaligen Präsidenten Nixon anläßlich eines Abendessens von seinen Absichten zu erzählen und ihn um Unterstützung des Projektes zu bitten. Präsident Nixon verwies ihn an das Außenministerium, wo man McCollum empfahl, den Plan einige Zeit ruhen zu lassen, bis sich das brisante politische Klima der Jahre 1970 und 1971 in jener Region etwas normalisiert hätte.

Später gab McCollum in einem Interview die Grundzüge seines Planes zur Auffindung und Untersuchung der Arche bekannt. Dieses Interview wurde von Dave Basliger und

Charles Sellier in ihrem Buch *In Search of Noah's Ark* detailliert wiedergegeben. Ähnliche Mitteilungen machte er in späterer Folge dem Autor gegenüber in einer Reihe von Telefongesprächen, bei denen ein mögliches gemeinsames Forschungsprojekt mit Hubschraubereinsatz diskutiert wurde. Nach McCollums Plan sollte ein Bell 47G3B-1 Turbolader-Hubschrauber eingesetzt werden, der pro Flug eine Fracht von einer halben Tonne an Mannschaft und Material transportieren würde, bis ein Anfangspotential von zwanzig bis dreißig Tonnen in ein Lager auf dem Eisfeld zugeliefert worden sei. Mit Hilfe eines Kernbohrers sollten dann an der Stelle, wo man die Arche vermutete, entlang den Umrissen des Objektes Bohrungen vorgenommen werden, und anschließend wollte man innerhalb dieser Umrisse nach möglichen gefrorenen Überresten von Tieren, Knochen und Nahrungsmitteln suchen. Als nächstes war geplant, mit einem Speziallötgerät Tunnels von der Eisfläche hinunter zur Arche anzulegen, diese Tunnels dann so weit zu verbreitern, daß die Forschungsmannschaft genügend Raum darin fand, um über den Tunneleingängen Kuppeldächer zu errichten. Auf diese Weise könnten die Forscher bei gleichmäßigen Temperaturen arbeiten und wären darüber hinaus sicher vor Steinschlag, Schnee und Eisbrüchen.

McCollum starb, bevor dieses ungewöhnliche Projekt durchgeführt werden konnte. Es ist aber ohnehin zweifelhaft, ob diese Grabungen auf dem Berg genehmigt worden wären, gerade wenn man die regelmäßigen Proteste der Sowjets gegen Aktivitäten nahe der armenischen Grenze in Erwägung zieht. Großangelegte Ausgrabungen in einer Region mit Blick auf sowjetisches Gebiet lassen unausweichlich und notwendig einen Einspruch Rußlands erwarten. Die Sowjets, die den britischen Schriftsteller, Forscher und Ararat-Experten Egerton Sykes erfolgreich an einer Araratexpedition gehindert haben, scheinen gegenwärtig hinter jeder amerikanischen Expedition auf den Ararat den CIA zu vermuten, was dazu geführt hat, daß ausländischen Teams nun die Besteigung der Nordostflanke des Ararat verweigert wird.

In Anbetracht der antireligiösen Haltung der russischen Regierung muß es paradox erscheinen, daß gerade russische Nachforschungen auf dem Ararat eine bedeutende Rolle bei der Suche nach der Arche gespielt haben. Und dies schon seit der ersten erfolgreichen Besteigung durch Parrot, dann im Falle der von russischen Militärflugzeugen, Pioniertrupps und Infanterieeinheiten gemachten Beobachtungen während des Ersten Weltkrieges und schließlich der Sichtungen während des Zweiten Weltkrieges, als sowjetische Piloten den Ararat überflogen und ihren alliierten Freunden nicht nur von dem Objekt auf dem Berg erzählt, sondern angeblich sogar Fotos davon gezeigt haben. Dasselbe gilt von dem Bericht des Kommandanten einer Tarneinheit, Major Jasper Maskelin, der eine Truppe auf den Ararat schickte, die angeblich den Bericht der zaristischen Luftwaffe aus dem Jahr 1916 bestätigte.

Das derzeitige sowjetische Regime ist gegen eine Verbreitung religiösen Gedankengutes und entschieden nicht daran interessiert, daß die Wahrheit einer Legende Bestätigung findet, was eine Wiederbelebung religiösen Glaubens nach sich ziehen könnte. Allerdings hat die offizielle sowjetische Politik dem Glauben in Armenien keinen Abbruch getan. Der Berg ist von Eriwan, der Hauptstadt der Armenischen Sowjetrepublik, aus deutlich sichtbar und erinnert die Bevölkerung immer wieder an Noah, die Arche, die Sintflut und an den Ararat, der armenisch „Massis" heißt – „Die Mutter der Welt".

7

Die Fluten, die sich über die Erde ergossen

Die Sagen und Legenden von der Sintflut und dem Überleben eines Menschen samt seiner Familie und verschiedenen Tieren dank einer Arche oder einem Schiff (manchmal auch auf andere Weise) reichen über dreitausend Jahre zurück, vielleicht sogar schon elftausend Jahre, in eine Zeit also, in der die letzten großen Gletscherregionen schmolzen. Die Überlieferung der verschiedenen Völker kennt sehr ähnliche Versionen dieser Legende aus der Frühzeit der Menschheitsgeschichte. Wir wissen heute noch immer nicht, wie lange der Mensch bereits als zivilisiertes Wesen existiert hatte (auch wenn neuere Funde zu einer immer früheren Datierung führen), bevor eine ungeheure Katastrophe das Antlitz der Erde veränderte und deren Bewohner, Menschen und Tiere, zum größten Teil ausrottete.

Die jahrhundertelang tradierten Sagen und Legenden lassen vermuten, daß es sich bei dieser Katastrophe entweder um eine weltweite Überschwemmung oder um gleichzeitig aufgetretene Überschwemmungen, Brände und Erdbeben gehandelt hat. Es gibt eine Hypothese, wonach der Aufprall eines Planetoiden oder ein Abgleiten und Schmelzen der Gletscher und des Polareises dazu geführt hatte, daß sich der Planet neigte, die Bergketten sich verlagerten und ganze Landmassen im Meer versanken. Dieses Ergebnis wird in vorgeschichtlichen Sagen oft als Ursache für den Tod aller Menschen und Tiere geschildert, natürlich mit Ausnahme derer, die sich in eine Arche oder ein Schiff flüchten oder auf anderem Weg entkommen konnten. In den meisten Überlieferungen wurden die Auserwählten von Gott oder mehreren Gottheiten gewarnt, daß der Zorn des Himmels die Menschheit vernichten würde. Sie sollten ein Schiff bauen, bevor sich noch die Wasser über die Erde ergossen, und als die Wasser dann abgeflossen waren, verließen die Überlebenden ihr Schiff und bevölkerten die Erde von neuem. Wir kennen mehr als sechshundert Versionen dieser Sage, die den Völkern und Stämmen der Antike geläufig waren, und die Geschichte ist jahrtausendelang in allen Teilen der Welt erzählt worden. Die Abweichungen in den Berichten über die Katastrophe betreffen hauptsächlich, wie zu erwarten, regionale Abwandlungen wie etwa die Beschreibung der Arche, die Ursachen des göttlichen Zornes, die Art, wie die Auserwählten gerettet wurden, und in manchen Versionen finden sich auch Hinweise auf eine mögliche Wiederholung der Katastrophe. Der Name Noah ist ohne weiteres kenntlich im Hebräischen und in den Sprachen der christlichen und islamischen Völker (auf arabisch: *Nuh*).

Die Geschichte von der Sintflut, von Noah und der Arche nimmt in der Genesis ebensoviel Raum ein wie die vorangegangenen Ereignisse, also der Schöpfungsbericht mit der Erschaffung von Adam und Eva, die Beschreibung des Paradieses usw. Dies mag daran liegen, daß die Schöpfung und das Paradies sehr allgemein beschrieben werden, während die Sintflut eine höchst detaillierte Darstellung findet, beinahe als hätte ein Augenzeuge darüber berichtet.

An dieser Stelle finden sich in der Bibel zum ersten Mal genaue Maßzahlen, Beschreibungen, sowie Zeit- und Ortsangaben. Darüber hinaus wird eingehend geschildert, wie das rettende Schiff gebaut wurde und welche Fracht es aufnahm. Die exakten Angaben von Länge, Breite, Höhe und Form der Arche liefern den Forschern noch heute Anhaltspunkte bei ihrer Suche und ermöglichen jenen, die die Arche angeblich gesehen haben, eine Umrechnung in moderne Maßeinheiten.

Obwohl der berühmte Mathematiker und Wissenschaftler Sir Isaac Newton den Ararat nie besucht hat, stellte er in einer Reihe von Berechnungen fest, daß die Arche hundertvierundachtzig Meter lang, sechsundzwanzig Meter breit, zwischen Kiel und Oberdeck rund fünfzehn Meter hoch gewesen sei und ohne Fracht 18 230 Tonnen gewogen haben müsse.

Die modernen archäologischen Erkenntnisse haben deutlich gemacht, daß die christlich-jüdischen und islamischen Berichte über die Sintflut auf ältere Überlieferungen aus dem Nahen Osten zurückgehen: auf sumerische, babylonische, assyrische, ägyptische, hettitische, hurische Sagen und auf die Tradition von Völkern aus einer noch früheren Epoche. Diese Tatsache wurde allerdings erst im späten neunzehnten Jahrhundert bekannt, als man auf alten Keilschrifttafeln Anspielungen auf die Sintflut fand.

Die Keilschrift wurde in Tafeln aus weichem Lehm eingeritzt, die dann gebrannt wurden und dadurch eine fast unbegrenzte Haltbarkeit erreichten. Bei der Eroberung und Brandschatzung antiker Städte kam es deshalb auch dazu, daß dieser Lehm nur noch stärker gehärtet wurde. Doch alle diese Aufzeichnungen des alten Orients blieben rätselhaft, da mit dem Untergang des alten Babylon, Assyrien und Persien auch das Geheimnis ihrer Sprache verloren ging.

Die Paläste und Tempel verschwanden, übrig blieben neben einigen wenigen steinernen Monumenten große Haufen von Mauersteinen und Tontafeln: Ausgrabungen in der Nähe der Ruinenhügel brachten Tausende von weiteren Inschriften zutage. Die Araber späterer Generationen hatten zahllose Mauersteine aus dem Schutt der versunkenen Städte gegraben und zum Bau ihrer armseligen Behausungen und Umhegungen verwendet. Nach dem Untergang der alten Reiche war das Geheimnis der geschriebenen Sprache jahrtausendelang in Vergessenheit geraten. Selbst die Namen der Herrscher und Städte wären verlorengegangen, hätte nicht eine Beziehung zu den Hebräern bestanden, weshalb sie auch in der Bibel erwähnt werden. Niemand wußte, was die seltsamen Zeichen bedeuten sollten. Selbst europäische Reisende und Schatzsucher, die Ausgrabungen in diesem Gebiet machten, hielten sie für eine besonders raffinierte Dekoration.

Erst in der zweiten Hälfte des 19. Jahrhunderts gelang es den Bemühungen vor allem britischer und deutscher Archäologen – nicht zuletzt dank der Eitelkeit längst verstorbener persischer Könige, die ihre Namen in verschiedenen Sprachen in Felswände hatten eingravieren lassen, und der in den Ruinen von Ninive entdeckten Bibliothek von zwei- und dreisprachigen Wörterbüchern eines assyrischen Herrschers-, das Rätsel dieser vergessenen Sprache zu entschlüsseln und eine schon verloren geglaubte historische Epoche mit ihrem Schrifttum zu neuem Leben zu erwecken.

Die Entzifferung mancher Inschriften ergab enge Querverbindungen der Keilschrifttexte zur Geschichte der Sintflut und steht auch in Zusammenhang mit einem bemerkenswerten Zufall. Als in der viktorianischen Zeit die Ausgrabungen der großen Städte Mesopotamiens eine Welle archäologischer Begeisterung auslösten, beschäftigte sich ein junger englischer Sprachforscher namens George Smith mit einer zerbrochenen Keilschrifttafel, die man zur Entzifferung ans Britische Museum geschickt hatte. Während er daran arbeitete, fiel ihm auf, daß sich ihm der Sinn des Textes leichter als sonst erschloß, so als wüßte er bereits die jeweils folgenden Inhalte, was auch tatsächlich der Fall war. Er entzifferte nämlich die wohlbekannte Geschichte von der Sintflut, allerdings in einer assyrischen Version. Der Name Noahs sowie die Götternamen lauteten hier zwar anders, aber die Geschichte war ganz offenkundig dieselbe. Allerdings konnte er die Übertragung nicht zu Ende führen, da ihm nur ein Bruchstück der Tafel zur Verfügung stand, deren anderer Teil wahrscheinlich irgendwo unter dem Sand über dem alten Ninive begraben lag.

Diese Entdeckung war eine Sensation, denn bis dahin hatte man angenommen, die Geschichte von Noah und der Sintflut, wie sie aus christlich-jüdischen Texten bekannt war, stelle die einzig ursprüngliche Version dar. Nun erreichte das Interesse der Öffentlichkeit ein solches Ausmaß, daß der *London Daily Telegraph* eine Expedition ausrüstete, die es George Smith ermöglichte, nach Ninive zu reisen, wo er überraschenderweise tatsächlich das fehlende Bruchstück fand und damit die vollständige Übertragung liefern konnte.

Smiths Übersetzung war ein Teil des Werkes, das wir heute unter dem Namen „Gilgamesch-Epos" kennen und dessen Abschrift in der Bibliothek des Königs Assurbanipal im Königspalast von Ninive gefunden wurde. Es handelt von Gilgamesch, einem sumerischen Helden und Halbgott, der nicht nur in der sumerischen, sondern auch in der babylonischen und assyrischen Mythologie auftaucht und auf der Suche nach dem ewigen Leben in die Unterwelt reist. Dort trifft er auf Ut-Napischtim, den sumerischen Noah, der ihm die Geschichte der Sintflut erzählt und schildert, wie er, Ut-Napischtim, die Sintflut überlebte, indem er ein großes Schiff baute, das ihn, seine Familie, seine Freunde sowie Tiere und Pflanzen – „den Samen des Lebens" – vor den hereinbrechenden Fluten errettete.

Die folgenden Auszüge aus dem Gilgamesch-Epos beweisen, wie sehr diese Darstellung der in der Genesis geschilderten Erzählung ähnelt. Wie jedoch schon Egerton Sykes feststellte, handelt es sich beim biblischen Sintflut-Bericht nicht um eine Übernahme eines babylonischen Mythos, sondern um eine davon unabhängige Darstellung ein- und desselben Ereignisses aus dem Blickwinkel einer anderen Gruppe von Überlebenden.

Im Gilgamesch-Epos erzählt Ut-Napischtim:

Steigen ließ ich ins Schiff meine ganze Familie und die Hausgenossen,
Wild des Feldes, Getier des Feldes,
Alle die Meistersöhne hab ich hineinsteigen lassen.
 Ich trat hinein ins Schiff und verschloß mein Tor...
 Kaum daß ein Schimmer des Morgens graute,
Stieg schon auf von der Himmelsgründung schwarzes Gewölk...
Jegliches Helle in Düster verwandelnd...
 Vor dieser Sintflut erschraken die Götter,
Sie entwichen hinauf zum Himmel des Anu –
Die Götter kauern wie Hunde, sie lagern draußen!...
 Sechs Tage und sieben Nächte
Geht weiter der Wind, die Sintflut,
Ebnet der Orkan das Land ein.
 Wie nun der siebente Tag herbeikam,
Schlug plötzlich nieder der Orkan die Sintflut, den Kampf,
Nachdem wie eine Gebärende sie um sich geschlagen.
Ruhig und still ward das Meer,
Der böse Sturm war aus und die Sintflut.
 Ausschau hielt ich einen Tag lang, da war Schweigen ringsum,
Und das Menschengeschlecht war ganz zu Erde geworden!
Gleichmäßig war wie ein Dach die Aue.
 Nach Ufern hielt ich Ausschau in des Meeres Bereich:
Auf zwölfmal zwölf Ellen stieg eine Insel,
Zum Berg Nißir trieb heran das Schiff.
 Der Berg Nißir erfaßte das Schiff und ließ es nicht wanken;
Einen Tag, einen zweiten Tag erfaßte der Berg Nißir das Schiff und ließ es nicht wanken;...
Wie nun der siebente Tag herbeikam,
Ließ ich eine Taube hinaus;
Die Taube machte sich fort – und kam wieder:

Kein Ruheplatz fiel ihr ins Auge, da kehrte sie um. –
Eine Schwalbe ließ ich hinaus;
Die Schwalbe machte sich fort – und kam wieder:
Kein Ruheplatz fiel ihr ins Auge – da kehrte sie um. –
    Einen Raben ließ ich hinaus;
Auch der Rabe machte sich fort; er sah, wie das Wasser sich verlief,
Fraß er, scharrte, hob den Schwanz – und kehrte nicht um.

Obwohl sowohl Taube als auch Rabe in der Bibel und im Gilgamesch-Epos aufscheinen, kehrt die biblische Taube mit einem Zeichen der Hoffnung, dem Olivenzweig, zurück, während der Rabe der sumerisch-babylonischen Version nicht mehr zum rettenden Schiff zurückfliegt, denn er hat die angeschwemmten Leichen der Ertrunkenen gefunden und nährt sich von ihnen.

Smith setzte die anstrengende Entzifferungsarbeit fort, bis er im frühen Alter von sechsunddreißig Jahren starb, angeblich weil er seine Gesundheit völlig vernachlässigt und seinen Geist zu sehr strapaziert hatte. Aber sein Erfolg war ihm zu Lebzeiten Lohn genug, vor allem in dem Augenblick des endgültigen Durchbruchs, als er sagen konnte: „Ich bin der erste Mensch, der diese Texte nach zweitausend Jahren wieder entziffert hat."

Weitere Tafeln (noch immer warten Tausende im Britischen Museum auf Entzifferung) brachten noch mehr Berichte über die Arche zutage. Es zeigte sich, daß die Geschichte von der Sintflut im ganzen Nahen Osten verbreitet war und als historisches Faktum angesehen wurde, wenn auch die Hauptperson, also Noah, jeweils einen anderen Namen trug.

Der babylonische Geschichtsschreiber und Priester Berossus schreibt, daß der Überlebende der Sintflut den Namen Xisuthros trug (auf babylonisch „Ziusudra") und der letzte Herrscher einer vor der Sintflut regierenden Dynastie war.

Xisuthros wurde von dem Gott Chronos gewarnt und erhielt Befehl, ein großes Schiff zu bauen und seine Familie, Tiere, Freunde und Vorräte zu verladen. Mit einer für Geschichtsschreiber beispielgebenden Achtung vor alten Archiven setzt Berossus noch hinzu, daß Chronos (Chronos ist sowohl der griechische Name des Gottes wie auch der Name des letzten Königs des legendären Atlantis) den Xisuthros anwies, alle Aufzeichnungen über die damaligen Ereignisse zu sammeln und in der Stadt Sippara zu vergraben, wo sie der König mit seiner Gefolgschaft nach der Überschwemmung wieder aus ihrem Versteck hervorholte.

Eine andere assyrisch-babylonische Version nennt einen gewissen Ubaratutu oder Khasistrata als Überlebenden und beschreibt sein Schiff als sechshundert Ellen lang, sechzig Ellen hoch und sechzig Ellen breit. Diese gigantisch anmutenden Größenverhältnisse erklären sich vielleicht daraus, daß die Maßzahlen auf dem babylonischen Rechensystem basieren, das von Zwölfer-Einheiten ausgeht und auch heute noch für die Stunden- und Monatseinteilung sowie für Längen- und Breitenmaße in einer Reihe von Ländern vor allem der englischsprachigen Welt Geltung besitzt.

Eine weitere Version schreibt der Arche die ungeheure Größe von fünf Rod Länge und fünf Rod Breite zu – vielleicht, um mehr Platz für die Tiere zu haben. Gelegentlich finden sich in der mesopotamischen Version auch andere Namen für den Helden – Ubaratutu, Khasistrata, Xisuthros oder Biasbarata, und manche Legenden berichten, die Arche sei auf dem Berg Nizir gestrandet, während andere die Gordyenekette in Urartu in Armenien als Landeplatz angeben. Letzteres würde die Ararat-Theorie bestätigen, da der Ararat der höchste und auffallendste Berg Armeniens ist, das in der Antike den Namen Urartu trug.

Aber ob nun die Arche oder ein anderes großes Schiff auf dem Ararat gelandet ist oder nicht, allein seine einsame Majestät, sein schroffes Aufragen, der Schleier des Geheimnisses, der ihn umgibt, das Gerücht von seiner Unbezwingbarkeit und Gefährlichkeit erwecken in jedem Betrachter die Vorstellung, daß diesem Berg in der Geschichte eine besondere Bedeutung zukommt.

Die Menschen in der Umgebung des Ararat, seien es Stadtbewohner oder Nomaden, fühlen sich durch verschiedene Ortsnamen lebhaft an die Sintflut erinnert. Nakitschewan, heute im sowjetischen Armenien gelegen, bedeutet „Landeplatz" und Echmijadzin, in dessen Kloster sich angeblich Teilstücke der Arche befinden, heißt „der Abstieg" oder „jene, die heruntergekommen sind". Arghuri (Ahora) bedeutet „die Weinrebe wird gepflanzt" und könnte ein Hinweis auf jene Reben sein, die Noah nach Verlassen des Schiffes pflanzte. Auf der iranischen Seite gibt es eine Stadt mit dem Namen Temanin, „die Acht", was als Hinweis auf die Anzahl der die Sintflut Überlebenden (Noah und seine Familie) gelten mag. Ein Dorf in rund dreißig Kilometer Entfernung vom Ararat, nahe der verschütteten Arche, heißt Mahşer, „das Jüngste Gericht", eine recht deutliche Bezugnahme auf das Strafgericht, das über die Welt hereinbrach. Und als der Forscher David Fasold eine Skizze der verschütteten Arche zu entwerfen versuchte, stieß er in der Nähe des Hügels auf ein Dorf mit dem Namen Kargakonmaz, was soviel heißt wie „der Rabe will nicht landen" – eine Anspielung auf den Raben, der zur Arche zurückflog, weil seine Suche nach Land erfolglos geblieben war.

Ein Brunnen an der Nordostseite des Ararat erinnert uns an die mühsamen Versuche des heiligen Jakob, den Berg auf seiner Suche nach der Arche zu besteigen. Das Wasser des Jakobsbrunnen stammt angeblich aus der Quelle, die auf wunderbare Weise an der Stelle entsprang, wo der Heilige sein müdes Haupt zur Ruhe legte. Die Stelle, an der Noah die Tiere in die Arche verlud, wird noch heute gezeigt.

Daß die Geschichte der Arche in durchaus erkennbarer Gestalt in verschiedenen vorbiblischen mesopotamischen Aufzeichnungen aufscheint, beweist, daß sie viel älter ist als bislang angenommen. Sie ist älter als alle historischen Quellen, die bis heute von der Wissenschaft datiert werden konnten. Seit der Entzifferung der Keilschrifttafeln vor mehr als hundert Jahren weiß man, daß die Völker des Nahen Ostens verschiedene Versionen derselben Geschichte kannten. Die Erinnerung an die Welt vor der Sintflut gehörte zu ihrer historischen Tradition. König Assurbanipal von Assyrien, aus dessen Bibliothek die Übersetzungsgrundlage für die Sintflut-Legende stammt, soll seinen Höflingen einst bei einem Gespräch über alte Sagen und die vorsintflutliche Welt gesagt haben:

Dort draußen – in der Wüste – standen einst mächtige Städte, doch sind sie bis zur letzten Mauer verschwunden, aber ihre Sprachen sind auf unseren Tafeln erhalten...

War der biblische Sintflut-Bericht selbst etwa eine abgewandelte Fassung von Legenden, die bereits Jahrtausende vorher entstanden sind? Vielleicht hatte Abraham in Ur davon gehört, vielleicht hatten hebräische Gelehrte sie während der babylonischen Gefangenschaft kennengelernt und umgearbeitet, vielleicht hatte Moses, der als Verfasser der Thora und damit auch der Genesis gilt, in Ägypten von der weltweiten Überflutung erfahren. Möglicherweise benützte Mohammed bei seiner lebendigen Schilderung der Flutwellen im Koran Quellen, die auch vorislamische Berichte aus den Küstengebieten Arabiens miteinschlossen. Es gibt jedenfalls genügend Hinweise, daß sich Menschen überall auf der Welt an eine Katastrophe erinnerten, die über die ganze Erde hereingebrochen war, und deshalb in der Tradition von Stämmen und Völkern, die nichts voneinander wußten, weiterlebte. In der griechisch-römischen Überlieferung waren es Deukalion und Pyrrha, die zusammen mit ihren Kindern und einer Anzahl wilder und zahmer Tiere in einem kastenförmig gebauten Schiff gerettet wurden. Nachdem das Schiff am Parnass gestrandet war, bevölkerten sie die Welt aufs neue, wie ihnen die Götter befohlen hatten, indem sie, während sie den Berg hinabstiegen, Steine hinter sich warfen, wobei die von Männern geworfenen sich in Männer verwandelten, und die von Frauen geworfenen zu Frauen wurden.

Den frühindischen Epen, dem Purana und dem Mahabharata zufolge überlebten Manu und sieben andere (also ebenfalls acht Menschen) die Katastrophe. Der Gott Wischnu zog in Gestalt eines großen Fisches (der glücklicherweise ein großes Horn auf dem Kopf trug, so daß ein Tau daran befestigt werden konnte) das Schiff zum Berg Himavet im nördlichen Indien.

In Ägypten existieren zwei Versionen einer Geschichte, die von einer großen Flut (womit nicht die jährlichen Nilüberschwemmungen gemeint sind) im Lande erzählt. Die eine Version schildert in mythologischem Gewand, wie die beiden Katzengöttinnen Bast und Sechmet von den Göttern ausgesandt wurden, um die Menschheit zu vernichten. Katastrophen und blutige Gemetzel brachten Bast und Sechmet beinahe an ihr Ziel, da erkannten die Götter mit einem Male, daß sie niemand mehr verehren würde, wenn es keine Menschen mehr gäbe. Daraufhin versetzten sie das Wasser auf der Erde mit Bier, und als die Katzengöttinnen davon tranken, schliefen sie ein und vergaßen ihre Sendung.

In der zweiten, eher der Logik verpflichteten Version, die der koptische Geschichtsschreiber Masud im Stil sorgfältiger Berichterstattung niederschrieb, träumte der prädynastische König Surid, daß eine große Überschwemmung und Brände über die Welt hereinbrechen würden, wenn sich die Sonne in der Mitte des Zeichens Löwe befände. Und er befahl daraufhin den Bau der beiden großen Pyramiden, Khufu (griechisch Cheops) und Khafra (Chefren), „und ließ auf ihren Wänden alle geheimen Wissenschaften, die Konstellation der Gestirne und alles, was man über die Arithmetik und die Geometrie wußte, aufzeichnen ..., damit es zum Zeugnis diene für jene, die es einst zu deuten verstünden".

Aus der griechisch-römischen Antike weiß man, daß die äußere Verschalung der zwei Pyramiden mit Inschriften bedeckt war. Im Mittelalter wurden diese Verschalungen entfernt und für Gebäude in Kairo verwendet, im besonderen für die Moschee des Ibn Tulun, die deshalb vielleicht der Archäologie bislang noch unbekannte Informationen liefern könnte. Im Zusammenhang mit der Erwägung, daß die Cheopspyramide möglicherweise vor der Sintflut erbaut worden ist, erhält auch eine unerklärliche Hochwassermarke in der Kammer der Königin ein besonderes Gewicht.

In der altpersischen Überlieferung heißt der Held der Sintflut-Legende Jima, der, geselliger als die anderen Noah-Gestalten, nicht weniger als eintausend Paare bei sich Zuflucht nehmen ließ. Seine Arche war kein Schiff, sondern eine Art unterirdischer Bunker, den man „vara" nannte, aus Lehm gebaut, drei Stockwerke tief und mit breiten Gängen in der Mitte, so lang wie eine Pferdebahn. Seine Gefährten wurden sorgfältig auf ihre Charakterfestigkeit, auf Lepra und sogar auf schlechte Zähne hin geprüft. Jima und seine gesunden Begleiter blieben unter der Erde, während Brände, Erdbeben und Überschwemmungen das Land verwüsteten, und kamen erst wieder an die Oberfläche, als die Katastrophe vorbei war.

Die Stämme des heidnischen Europa kannten die Geschichte von der Sintflut, lange bevor sie christianisiert wurden und von Missionaren aus dem griechisch-römischen

Kulturraum über Noah unterrichtet wurden. In einigen ihrer Sagen ist wie in der persischen Tradition von Überschwemmungen und Bränden die Rede, und mitunter wird auch Bezug genommen auf eine Katastrophe, die nicht durch Regenfälle verursacht wurde, sondern durch ein plötzliches Ansteigen der Ozeane und das Versinken der Küstenregionen am Atlantik.

Im vorchristlichen Irland sah sich die Königin Ceseair durch das plötzliche Ansteigen des Meeresspiegels gezwungen, mit ihrem Gefolge an Bord eines Schiffes zu gehen, auf dem sie siebeneinhalb Jahre lang durch die Fluten segeln mußte. Sie kehrte nie mehr in ihre Heimat zurück, denn Irland war vom Wasser so verwüstet worden, daß es erst nach zweihundert Jahren wieder besiedelt werden konnte. Diese große Flut ist beschrieben in der walisischen Chronik *The Third Catastrophe of Britain*, und darin werden als Überlebende Dwyfach und Dwyfan genannt.

Die Wikinger und die germanischen Stämme im Norden führten die Erdbeben, das Zurückweichen des Meeres und dessen Wiederkehr in Form von Springfluten auf eine Kraftprobe zwischen dem prahlerischen Gott Thor und Utgard-Loki zurück. Als Thor bei Utgard-Loki zu Gast war, fragte ihn dieser, ob er ein Trinkhorn, gefüllt mit Bier, bis zur Neige leeren könne, eine Herausforderung, die der Gott mit Vergnügen annahm. Doch trotz einer wahrhaft göttlichen Anstrengung vermochte Thor das Bier in dem Horn nur um weniges zu verringern. Darauf fragte Utgard-Loki den Gott, ob er stark genug wäre, eine in der Nähe sitzende Katze hochzuheben, doch wie sehr Thor sich auch bemühte, er konnte die Katze gerade nur etwas beiseiteschieben. Als Thor sich tags darauf zum Aufbruch anschickte, etwas erschüttert über seine mangelnde Trinkfestigkeit und Körperkraft, erfuhr er, daß das Trinkhorn mit dem Meer selbst (das von der Küste zurückgewichen war) in Verbindung stand und der Schwanz der Katze an die Midgardschlange geknüpft war, welche die Erde umschlungen hielt, so daß in dem Augenblick, in dem Thor versucht hatte, die Katze hochzuheben, die Erde von so heftigen Stößen erschüttert worden war, daß selbst die Götter Angst bekommen hatten.

In dramatischerer Form schildert die isländische *Edda* eine Katastrophe in Skandinavien:

> Berge krachen aneinander ...
> Der Himmel zerreißt,
> Die Sonne verbleicht,
> Die Erde versinkt im Meer,
> Die hellen Sterne verschwinden,
> Feuer toben, und lassen
> Die Flammen bis in den Himmel lodern.

Andere vorchristliche Kulturen an der Westküste Europas überliefern Berichte von Städten, die plötzlich überschwemmt wurden und für immer im Meer verschwanden, von Inseln im Atlantik, die in den Fluten versanken und alle Bewohner bis auf einige wenige mit sich in die Tiefe rissen. Während diese heidnischen Legenden die Überlebenden nicht im besonderen nennen, beanspruchten die Gallier den Römern gegenüber, die Überlebenden einer versunkenen Insel im Atlantik zu sein.

Selbst heute noch wird in der Bretagne eine Sage erzählt, wie plötzlich der Ozean anschwoll und die Städte Lyonesse und Yves in seinen Fluten begrub und nie wieder freigab, weshalb man an gewissen Tagen die Glocken der versunkenen Kathedralen vom Meeresgrund herauf läuten hören könne.

Rätsel gaben Flut-Legenden der Neuen Welt deren Entdeckern aufzulösen, wie wir aus den Berichten der spanischen Eroberer erfahren, die voller Verwunderung feststellten, daß die Indianervölker und -stämme im wesentlichen dieselbe Version der Legende kannten, wie sie im biblischen Sintflut-Bericht überliefert ist. Der erste Gedanke der spanischen Priester war, daß alle Parallelen zum Christentum, die sich im indianischen Glauben aufzeigen ließen, etwa die Taufe und das Symbol des Kreuzes, auf die Machenschaften des Teufels zurückzuführen seien, der dadurch unter den Christen Verwirrung stiften wollte. Da außerdem weder die Bibel noch die Kirchenlehrer auf die indianischen Stämme Bezug nehmen, folgerten die spanischen Missionare, es könnte sich bei den Indianern um die zehn verschollenen Stämme Israels handeln. Andere Kommentare äußern die Vermutung, die Geschichte von der Sintflut sei über einstige Verbindungen zwischen der Alten und der Neuen Welt nach Amerika gelangt – wobei hier noch angefügt werden soll, daß die Bezeichnung Neue Welt irreführend ist, denn die Neue Welt ist, wie wir heute wissen, sicherlich was die Fauna, wahrscheinlich aber auch was die Menschen anlangt, nicht jünger als die Alte Welt.

Von Mexiko bis in den hohen Norden und von dort bis zum südlichsten Punkt Südamerikas, über Gebirgszüge, Dschungel und Wüsten hinweg, lebt unter allen amerikanischen Indianern die Erinnerung an die Katastrophe fort, an eine alles vernichtende Überschwemmung, deren Schrecknisse oft noch durch Erdbeben, Vulkanausbrüche und durch unvermittelt emporwachsende und niederstürzende Berge vergrößert werden. In Nord- und Südamerika gibt es mehr unabhängig tradierte Geschichten über die Sintflut als in Europa und im Nahen Osten. Die Gestalt des Noah erscheint bei den Indianern unter ganz verschiedenen Namen, und wenn der Held keinen individuellen Namen trägt, so wird ihm der Name des Stammes verliehen. Die Flucht ermöglichen häufig typisch indianische Fahrzeuge wie große, gedeckte Kanus, Flöße, ausgehöhlte Baumstämme und, in den Geschichten der Eskimos, aneinandergebundene Kajaks. Die Tlingit-Sage in Alaska spricht von Bären und Wölfen, die versuchten, auf die flüchtenden Kanus aufzuspringen, als das Wasser stieg, und die von den Ruderern durch Paddelhiebe verscheucht wurden. Einige Legenden, darunter diejenige der Tolteken in Mittelamerika, erwähnen wie die antike griechische Sage eine Art großen Kasten.

Eine Huronen-Legende berichtet, daß der Große Vater der Indianerstämme mit seiner Familie und einer Anzahl ausgewählter Tiere auf einem großen, gedeckten Floß überlebte. Während des Aufenthaltes auf dem Floß hatten die Tiere, die damals noch sprechen konnten, fortwährend gejammert und geklagt, so daß ihnen zur Strafe nach der Landung die Sprache genommen wurde. In einer Legende der Inkas sagt ein sprechendes Lama die Katastrophe voraus und führt seinen Besitzer auf einen hohen Berg in den Anden, wo sich schon andere Menschen und Tiere versammelt haben, um dort oben das Ende der großen Flut abzuwarten. Den Navajos wiederum soll der San Francisco Peak in der Nähe von Flagstaff in Arizona als Zufluchtsort gedient haben. Die Navajos hatten keine Boote, sondern flüchteten einfach auf den Berg und nahmen ihre Schafe mit. Als das Wasser durch den Grand Cañon abfloß, kehrten sie in ihr Land zurück.

Die Azteken und andere mittelamerikanische Völker kennen verschiedene Namen für den Überlebenden, zum Beispiel Coxcox, Tezpi und Teocipactli. Das große Floß ist in ihren Erzählungen aus den Wurzeln der Zypresse gezimmert worden, einem Holz, aus dem möglicherweise auch die biblische Arche gebaut wurde. Die Vögel, die ausflogen und nicht zurückkehrten, waren Geier, die von den Leichen und Tierkadavern fraßen, welche zusammen mit den Trümmern angeschwemmt worden waren, während der Vogel, der mit einem Blatt im Schnabel zur Arche zurückflog und es Coxcox (oder Tezpi oder Teocipactli) damit möglich machte, auf dem fen Berg von Colhuacan zu landen, der kleine Kolibri war. Nach dem Zurückweichen der Flut errichtete man in Cholula eine hohe Pyramide, die im Fall einer neuerlichen Katastrophe als sicherer Zufluchtsort dienen sollte. Die Pyramide steht heute noch und die nächste und endgültige Katastrophe, der Weltuntergang durch eine riesige Feuersbrunst, wird, einer Weissagung der Azteken zufolge, gegen Ende unseres Jahrhunderts eintreten.

Wie auch in der persischen Überlieferung retteten sich nicht alle Überlebenden auf ein Schiff. Die Chibcha in Kolumbien lassen ihren Helden Bocicha und dessen Frau auf einem Kamel einen hohen Berg erklimmen (vor einigen Jahrtausenden gab es in Südamerika noch Kamele).

Einige indianische Erzählungen erwähnen neben den Flutkatastrophen noch Erdbeben und Feuer, das vom Himmel gefallen sein soll. Die schriftlichen Aufzeichnungen der Maya, darunter das *Popol Vuh* und das *Buch des Chilam Balaam* berichten, daß sich die Menschen in tiefen Höhlen verbargen und erst wieder hervorkamen, als die Überschwemmungen, Erdbeben und Brände vorbei waren. In Yucatan gibt es riesige unterirdische Höhlen, wo ungeheuer große steinerne Tierstatuen, manche mit Menschenköpfen, gefunden wurden, die den bekannten Kunstwerken der Maya in keiner Weise ähneln. Die Spuren von fossilierten Schnecken und anderen Meerestieren, die sich auf den Steinstatuen nachweisen lassen, sprechen deutlich dafür, daß einige dieser Höhlen lange Zeit unter Wasser gestanden haben.

Die Mandan-Legenden berichten von einem Weißen, der, aus dem Osten kommend, auf einem großen gedeckten Kanu der Sintflut entging. Nach der Landung schlossen sich ihm andere Überlebende an, die in unterirdischen Tunnels solange gewartet hatten, bis eine Maus, die sie ausgesandt hatten, nicht mehr zurückkam, und sie daher wußten, daß das Wasser abgeflossen war.

Die Hopi im Westen der Vereinigten Staaten besitzen die genauesten Aufzeichnungen über ihre Stammesgeschichte. Darin findet sich auch der Hinweis auf eine Überschwemmung, die nicht durch Regen verursacht wurde, sondern durch Meereswellen, höher als jeder Berg, die das ganze Land überfluteten. „... die Kontinente brachen auseinander und versanken in den Wogen." Die Hopi überlebten das Unglück auf dem höchsten Berg, während „... alle die stolzen Städte vom Wasser überflutet wurden."

Noch einige weitere Indianersagen nennen andere Ursachen für die Flutkatastrophe als den Regen. Die wiederholte Erwähnung riesiger Wellen *vom Ozean her*, gepaart mit Erdbeben, könnte ein Hinweis sein auf eine weltweite Katastrophe, die, statt eine Folgeerscheinung der Sintflut zu sein, diese vielmehr erst verursachte.

Flut-Berichte aus Babylon und Assyrien schildern neben den Regengüssen riesige Wasserfontänen und Flutwellen, so als wäre der Meeresboden selbst in Bewegung geraten. Auch im griechisch-römischen Kulturraum sind Geschichten überliefert, wonach Erdbeben ganze Städte im Meer versinken ließen, darunter auch jenes Beben, das Sizilien vom italienischen Festland trennte.

In Gen. 7, 11 berichtet die Bibel, daß die Überschwemmungen durch Meerbeben und heftige Regenfälle ausgelöst worden seien: „... das ist der Tag, da aufbrachen alle Brunnen der großen Tiefe und taten sich auf die Fenster des Himmels." In der siebenten Sure des Koran ist diese Beschreibung noch viel eindringlicher: „... die Oberfläche der Erde brodelte ... die Arche hob und senkte sich ... auf Wellen, die so hoch wie Berge waren."

Im chinesischen Sagengut finden sich zwei Berichte über die Sintflut. Der eine, der aus dem Westen über die Turkvölker Zentralasiens nach China gelangte, zeigt Parallelen zur Sintflutversion des Koran mit dessen Helden Nuh, den die

Chinesen Nu Hua nennen. Als die christlichen Missionare die Bibel nach China brachten und dort die Sintflutlegende in ihrer nahöstlichen Ausprägung vorfanden, werteten sie dies verständlicherweise als weiteren Wahrheitsbeweis für den biblischen Bericht und sogar für die Authentizität des Namens Noah.

Aber eine zweite, völlig andere Version ist in der alten chinesischen Weltchronik T'u-schu tsi-dsch'eng verzeichnet. Noah heißt dort Fo Hsi, und der Hergang der Katastrophe, die das ganze Universum erschütterte, erhält eine völlig andere Darstellung.

Die ersten Jesuiten-Missionare in China wurden von chinesischen Gelehrten auf das 10 000 Kapitel umfassende Werk verwiesen, das auf einen kaiserlichen Erlaß hin geschrieben wurde und „alles Wissen" umfassen sollte. Die Beschreibung der katastrophalen Überschwemmung ist eindrucksvoll:

> ... Die Erde erzitterte in ihren Grundfesten. Der Himmel im Norden senkte sich. Sonne, Mond und Sterne veränderten ihren Lauf. Die Erde brach entzwei, die Wasser in ihrem Inneren stiegen empor und überfluteten die Erde. Der Mensch hatte sich den hohen Göttern widersetzt, und das Universum war aus den Fugen geraten. Die Planeten änderten ihren Lauf und die große Harmonie des Universums und der Natur geriet aus dem Gleichgewicht...

Während in einigen Geschichten davon berichtet wird, daß die ganze Erde von Wassern aus dem Himmel überflutet wurde, vermerken andere, daß hohe Wellen die Erde bedeckten oder ganze Landstriche versanken. Wurde diese Katastrophe, an die sich alle Völker der Erde erinnern, durch die Kollision mit einem riesigen Meteor ausgelöst (wie das einige Urgeschichtsforscher vermuten), oder war irgendein anderes Ereignis eingetreten, das die Lage der Erdachse und vielleicht auch die Erdumdrehung auf Dauer veränderte, was dazu geführt haben könnte, daß die Ozeane in riesigen Flutwellen aus den Ufern traten und den Großteil des Festlandes wahrscheinlich für längere Zeit unter Wasser setzten? Wenn ja, so wären manche Küstengebiete und Inseln im Ozean versunken oder emporgestiegen und neue Bergketten hätten sich gebildet. Die vorsintflutliche Zivilisation wäre zerstört worden, hinweggeschwemmt, in Bodenklüften begraben oder ins Meer versunken, und nur einige wenige, bis heute nicht klassifizierbare Monumente aus Stein hätten fortbestanden. Einige Schiffe könnten die Katastrophe überdauert haben und von ungeheuren Flutwellen in den Schluchten oder auf den Hochebenen der Berge abgesetzt worden sein. Vielleicht war die Arche Noah eines dieser Schiffe.

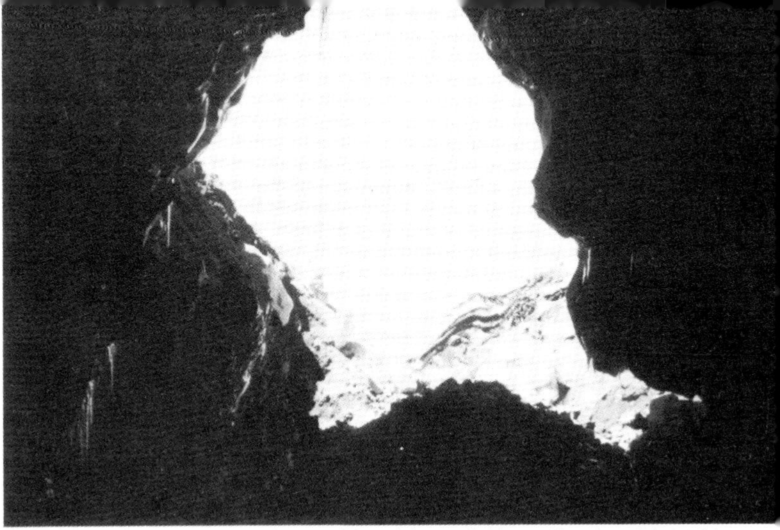

Fotografie vom Inneren einer Höhle auf dem Mih Tepe-Gletscher. Die Höhlen in den oberen Bergregionen sind je nach Jahreszeit offen oder zugefroren. Die Höhlen in den unteren Regionen beherbergen oft Bären, Wölfe, wilde Hunde und Giftschlangen. (*Achmed Ali Arslan*)

Der Teufelsfelsen in ost-westlicher Richtung. Dieser Felsen gehört zu jenen Formationen, die in Vergangenheit und Gegenwart irrtümlich für die Arche gehalten wurden. Auf der abgewandten Seite des Felsens befinden sich der Küpsee und der Parrotgletscher. (*Achmed Ali Arslan*)

Bergsteiger haben auf dem Ararat unter den Gletschern Wasser rauschen gehört, als sie im Camp zu schlafen versuchten. Dieses Schmelzwasser sickert offenbar in den Untergrund, sammelt sich in Bächen und Flüssen auf der Ararat-Hochebene und speist den Kara Su (Schwarzes Wasser) und die Süreyya Çesmesi (die Soraya-Quellen), ein reizendes Kompliment an die Gemahlin des früheren Schah von Persien. (© *Jay Bitzer*)

Der asche- und staubbedeckte Schwarze Gletscher über Ahora. Im Hintergrund der kleinere Gipfel. (*Achmed Ali Arslan*)

Die kleine weiße Wolke, die sich hier um 9 Uhr früh zeigt, ist das erste Anzeichen des Nebels, der bald die ganze Region des Ararat einhüllen wird. (*Achmed Ali Arslan*)

Der Parrotgletscher von Westen aus mit Wolken, die ihn bald ganz bedecken werden. Immer wieder haben sich Bergsteiger im plötzlich einfallenden Nebel verirrt oder sind in Gletscherspalten gestürzt, weil ihnen der Nebel die Sicht raubte. (*Achmed Ali Arslan*)

Die Arche-Formation bei Mahşer mit den Bändern, die den Radar-Markierungen folgen. Sie kennzeichnen angeblich die Kammern oder Käfige, welche in der Arche die Tiere beherbergten. Die Bänder verlaufen von Osten nach Westen und von Norden nach Süden. (*Achmed Ali Arslan*)

Die „verschüttete Arche" mit der Metall-Detektor-Vorrichtung. Die Bruchstelle an der Backbordseite ist in der Mitte des Walls zu erkennen. (*Achmed Ali Arslan*)

Ungewöhnliche Steinformation, vielleicht ein Bruchstück von der „verschütteten Arche", das abgesprengt worden ist, als das Schiff von seiner ursprünglichen Landestelle abrutschte. Die Rillen weisen der Theorie Fasolds zufolge darauf hin, daß die Arche eine riesige Schilfkonstrunktion mit einer Art Zementbeschichtung war. Außerdem wird vermutet, daß die Bezeichnung „Gopherholz" in der Bibel auf eine Fehlübersetzung zurückgeht und eigentlich die pechhaltige Zementmischung meint, die im Akkadischen mit den Konsonanten K-F-R ausgedrückt wird. (*David Fasold*)

Der Mann auf dem Bild sitzt auf einem Steinanker. Solche Anker hat man rund um den Ararat mehrfach gefunden, zwei davon nördlich von Koran, zwei weitere werden im Dorf selbst verwahrt. Diese sehr alten Steinanker sind ein weiterer Hinweis darauf, daß die Hochebene, auf der die Anker heute liegen, einst Meeresboden war. (*David Fasold*)

Seitenansicht der „verschütteten Arche". Deutlich sieht man auf diesem Bild die abrupte Bodenerhebung, die seit der Entdeckung des Phänomens vielleicht noch höher geworden ist (oder der Untergrund hat sich gesenkt). (*Achmed Ali Arslan*)

Nahaufnahme von einem der entdeckten Anker mit dem ausgebrochenen Loch, durch das ein Tau gezogen wurde, um den Anker festzumachen. Ähnliche Anker wurden auf dem Grund des Mittelmeeres, an der spanischen, französischen und irischen Küste und vor Kalifornien gefunden. (*David Fasold*)

Untersuchung eines Bodenareals, das vermutlich die Überreste des Backbord-Buges der „verschütteten Arche" darstellt. Die aufgeworfene Formation in der Mitte entspricht dem zweiten Schott hinterm Bug, das als Deckbalken fungierte. Die Öffnung links könnte die Stelle markieren, wo sich ursprünglich ein Trägerpfosten befunden hat. Das linke, von einem Expeditionsteilnehmer gehaltene Band ist ein Meßband, während das rechte ein Markierungsstreifen ist, der Metallkonzentrationen im Boden anzeigt, die vermutlich von Stiften oder Nägeln herrühren, deren Abstände 30 bis 40 Zentimeter betragen. (*David Fasold*)

8

Ausgetrocknete Meere und versunkene Landstriche

Seit Herodot vor 2 500 Jahren in der ägyptischen Wüste nahe den Pyramiden auf Muscheln stieß, entdeckt man ständig neue Hinweise darauf, daß die Länder des Nahen Ostens längere Zeit vom Meer überflutet waren. In der Antike und im Mittelalter führte man diesen Umstand auf die Sintflut zurück, aber in moderner Zeit gilt die Bibel den Wissenschaften nicht mehr als sicheres historisches Zeugnis.

Noch heute sind jedoch die Spuren einer längeren Überflutung im Nahen Osten sichtbar, vor allem in der Region des Ararat. Dort fand man in einer Höhe von 3 000 Metern Muscheln. Salzablagerungen in 2 100 Meter Höhe weisen auf ein langsames Austrocknen eines ehemaligen Meeres hin. Kissenlava findet sich sowohl auf dem Ararat als auch auf dem Grund des Atlantischen Ozeans, und das Vorhandensein von Kissenlava beweist, daß über dem Meeresspiegel ausgetretene Lava eine gewisse Zeit unter Wasser gelegen hat. Im Umniasee in der Osttürkei, der weit vom Meer entfernt ist, gibt es noch immer Salzwasserheringe, die offensichtlich vom Ozean, ihrer eigentlichen Heimat, abgeschnitten wurden. Der Geologe Dr. Evan Hansen hat auf eigenartige Felsformationen hingewiesen, die Spuren von Wasserströmungen aufweisen, wo einst hochgelegenes Erdreich weggewaschen wurde und schmale Felszacken wie schroffe Inseln stehengeblieben sind, die das frühere Bodenniveau anzeigen, ein Phänomen, das man auch aus dem Südwesten der Vereinigten Staaten kennt.

Gegen Ende der zwanziger Jahre dieses Jahrhunderts machte der Archäologe Leonard Woolley bei Grabungsarbeiten in Ur, einer der ältesten Städte der Welt, eine aufsehenerregende Entdeckung, die als Beweis dafür gelten kann, daß das Gebiet Mesopotamiens vor Tausenden Jahren lange Zeit unter Wasser gelegen hat.

Woolley hatte schon eine Reihe außergewöhnlicher Funde gemacht, die auf das hohe Niveau der sumerischen Kultur zu einer bereits sehr frühen Zeit schließen ließen, als er auf die originelle Idee kam, einen senkrechten Schacht durch die Ruinen von Ur zu treiben, um bis zu jener Schicht vorzudringen, die den Ausgangspunkt der kulturellen Entwicklung der Sumerer markierte.

Während die Arbeit an dem Schacht voranschritt (in den Seitenwänden eingebettete Scherben wurden nicht berücksichtigt), wurden alle möglichen Fundstücke zutage gefördert, die teilweise mehrere Tausend Jahre vor Christi Geburt entstanden waren. Plötzlich tauchten keinerlei Fundstücke mehr auf, und die Grabungsmannschaft stieß nur noch auf Schlamm. Woolley trieb die Grabungen trotzdem voran, und nach ungefähr drei Metern machte man weitere Funde, die allerdings einer anderen Zivilisation oder anderen Zivilisationen angehörten als diejenigen aus den oberen Schichten.

Wie William E. Shirer, der Woolley am Grabungsort interviewt hatte, im *Twentieth Century Journey* berichtet, sprach Woolley mit seinen Leuten gerade über dieses seltsame Phänomen, als seine Frau Katherine, ebenfalls eine fanatische Archäologin, zu ihnen trat. Und als Woolley um ihre Erklärung für diese Schlammschicht bat, antwortete sie spontan: „Das war natürlich die Sintflut!"

Weitere Grabungen ergaben, daß die Schlammschicht sogar noch dicker als erwartet war – bis zu vier Metern –, und es sich daher nicht um eine jahreszeitliche Überschwemmung, sondern um eine langdauernde Überflutung handeln mußte. Woolley berechnete, daß das Wasser eine Tiefe von rund siebeneinhalb Metern gehabt haben mußte, was fast genau den biblischen Angaben entspricht, wenn man die in der Genesis genannten Ellenmaße umrechnet: „... fünfzehn Ellen hoch ging das Gewässer über die Berge, die bedeckt wurden."

Große und langanhaltende Überschwemmungen blieben nicht auf den Nahen Osten beschränkt. Im Himalaya, dem höchsten Gebirge der Welt, fand man Walskelette, auf dem Ararat Fischgräten und Muschelschalen.

In der Andenregion Boliviens fand man nahe den in 3 000 Meter Höhe gelegenen geheimnisumwitterten Ruinen von Tiahuanaco eine Salzader, und es gibt Hinweise dafür, daß Tiahuanaco einmal ein Meereshafen gewesen ist und der Titicacasee in Verbindung mit dem Meer gestanden haben könnte. A. Posnanski, ein österreichischer Archäologe, der Direktor des Nationalmuseums von Bolivien und Leiter des Ica Instituts für Anthropologie wurde, schätzt das Alter von Tiahuanaco auf 15 000 Jahre. Vielleicht wurde die Stadt noch vor der weltweiten Katastrophe erbaut, in deren Folge die geologisch noch jungen Anden zu ihrer heutigen Höhe emporgehoben wurden, während andere Teile der Erde durch einen sogenannten isostatischen Prozeß für einige Zeit oder für immer im Meer versanken. Was das Alter von Tiahuanaco betrifft, so sollte vielleicht darauf hingewiesen werden, daß man auf Gefäßen Darstellungen von längst ausgestorbenen Tierarten entdeckt hat, darunter auch die des Toxodons, eines in Südamerika beheimateten Tieres, das anscheinend zur Zeit der Erbauung von Tiahuanaco dort noch existierte.

Mit einer ungewöhnlichen Volksüberlieferung wurden die französischen und spanischen Seefahrer, welche fast hundert Jahre vor Columbus nach Westen in den Atlantik vordrangen, konfrontiert. Ihr zufolge konnten sich während einer ungeheuren Überschwemmung riesiger Landstriche nur wenige Menschen auf hohe Berge retten, und diese Berge wurden schließlich zu Inseln im Ozean. So waren etwa die Bewohner der Kanarischen Inseln, die als erste Inseln im Atlantik entdeckt wurden, fest davon überzeugt, die einzigen Überlebenden einer weltweiten, Jahrtausende zurückliegenden Katastrophe zu sein.

Die Bewohner der Kanarischen Inseln waren weißhäutig, groß und muskulös und viele noch dazu blond und blauäugig. Die offizielle Entdeckung der Inseln im Jahre 1395 wird Jean de Béthencourt zugeschrieben, einem französischen Adeligen in spanischen Diensten. Nach der Landung war den Spaniern ein Kontakt mit den Eingeborenen nicht möglich, da sie deren Sprache nicht verstanden. Als die Insulaner genug Spanisch beherrschten, um sich verständigen zu können, teilten sie ihren verblüfften Besuchern mit, wie unerklärlich ihnen die Herkunft all dieser Schiffe und Menschen sei, waren sie doch der festen Überzeugung, die einzigen Überlebenden der Sintflut zu sein. Einst, so sagten sie, hatten ihre Ahnen in einem großen Land mit prächtigen Städten, fruchtbaren Ebenen und vielen Flüssen gelebt, aber eine Überschwemmung hätte das Land heimgesucht und nur wenige Menschen wären auf hohen Bergen den Fluten entronnen. Die Inseln, die sie nun bewohnten, wären die Berggipfel ihres einstigen Heimatlandes. Die Wasser der Flut wären im Unterschied zur biblischen Darstellung nie abgeflossen, sondern – und dabei hätten sie auf den Atlantik gewiesen – immer noch vorhanden.

Dieser seltsamen Sage mit ihrem möglichen Verweis auf Atlantis, auf die biblische Sintflut und eine vom Wasser zerstörte Zivilisation, sind die spanischen Eroberer nie wirklich auf den Grund gegangen, da sie wenig später die Eingeborenen in mehreren Schlachten fast vollständig ausrotteten. Auch deren Sprache ist nicht erhalten geblieben, obwohl sich einige Spanier zu erinnern glaubten, daß manche Worte griechischen Götternamen ähnelten, darunter auch der Name Chronos, der für einen der Könige von Atlantis überliefert ist.

Die Sahara, einst bewaldet und gut bewässert, ist während der letzten zehn- bis zwanzigtausend Jahre ausgetrocknet, obwohl das Gebiet noch von unterirdischen Flüssen durchzogen ist. Felszeichnungen aus einer frühen Epoche, die man in Höhlen und auf Felsen der Tassiliberge gefunden hat, stellen Szenen aus dem Leben eines verschwundenen Volkes dar, das existiert haben muß, bevor das Wasser die ganze Region überflutete und nach seinem Zurückweichen eine Wüste hinterließ. Es ist durchaus möglich, daß dieselbe Flutkatastrophe auch die Barriere zwischen Europa und Afrika zum Einsturz gebracht hat, so daß der Ozean einströmen konnte und eine Reihe von Seen und Tälern in das heutige Mittelmeer verwandelte. Hinweise in der Bibel auf einige große, auch heute noch nicht identifizierte Flüsse (Gen. 2) beziehen sich auf Wasserläufe, die heute unter dem Mittelmeer oder dem Schwarzen Meer liegen.

Dr. Egerton Sykes vertrat die Ansicht, daß das Schwarze Meer, das Kaspische Meer und der Aralsee einst in Verbindung mit einem großen Meer standen, dessen Ostküste die westliche Gobi darstellte, und daß die Arche nicht von Süden kam (wie es die babylonische Überlieferung will, die als den Bauplatz der Arche Maala in der Nähe von Aden in Südarabien angibt), sondern aus einem großen Meer im Nordosten, wo sich heute eine Wüste erstreckt.

Das Emporsteigen und Absinken von Landmassen läßt sich durch die Lokalisierung von Sand- und Kiesstränden bestimmen, die normalerweise an den Küsten von Inseln und Kontinenten zu finden sind. Finden sich Kiesstrände und Überreste von Meerestieren hoch über dem Meeresspiegel oder Sandstrände tief unter Meeresniveau, so ist dies ein klarer Beweis dafür, daß sich der Wasserstand geändert hat, da Kiesstrände durch die sich an der Küste brechenden Wellen entstehen. Ufersand findet sich mitten in der Wüste und Strandkies Hunderte Meter über dem Meer in Alaska, Kalifornien, Neufundland, Norwegen und an vielen anderen Stellen der nördlichen Halbkugel.

Weite Teile der Erdoberfläche, die vom Meer überflutet wurden, liegen heute noch unter Wasser. Knochen von Mammuts, Mastodons und Menschen wurden zusammen mit prähistorischen Werkzeugen bei der Doggerbank in der Nordsee vom Meeresboden heraufgeholt, und in der Nähe der Azoren entdeckte man auf dem Grund des atlantischen Ozeans Strandkies.

Diese ehemaligen Küstenstriche versunkener Inseln und Landmassen scheinen durch plötzliche Vulkanausbrüche ins Meer gestürzt zu sein. Der verstorbene Ozeanograph Dr. M. Ewing, Leiter einer Unterwasserexpedition, fand in einer Tiefe von 5 500 Metern Sandstrand, aber auch Granitfelsen mit Gletscherschliff. Formationen, die den Ruinen versunkener Städte ähneln, lassen sich noch heute auf dem Boden des Mittelmeers nahe der afrikanischen Küste, in der Nähe der Azoren und bei Madeira, sowie auf dem Kontinentalsockel in der Nähe von Kuba und den Bahamas nachweisen. Eine massive, von Menschenhand gebaute Mauer, ist vor der Küste Perus bis in eine Tiefe von 2 500 Metern in den Nazca-Graben abgesunken.

Manche Theorien behaupten, unter den gewaltigen Auswirkungen dieser Katastrophe hätte sich die Lage der Erdachse verändert, wodurch die Ozeane das Festland überschwemmten und im Norden das Eis durch die Wassermassen losgerissen und geschmolzen wurde. Darüber hinaus hoben und senkten sich in vielen Gebieten der Erde Landmassen durch Vulkantätigkeit. Die klimatischen Veränderungen am Ende der letzten Eiszeit sind allerdings nicht Theorie, sondern objektive Realität und von der Wissenschaft auch als solche anerkannt.

Die nördliche Hemisphäre war früher in weiten Teilen von einer Eisdecke überzogen, wie wir sie heute im Bereich der Antarktis finden, wo diese Eisschicht bis zu 3 000 Meter tief ist und ständig an Mächtigkeit zunimmt. Sollte diese Eiskappe je schmelzen, würde eine neue katastrophale Überschwemmung die Menschheit heimsuchen, denn immerhin leben achtzig Prozent aller Menschen in Gebieten, die nicht mehr als dreißig Meter über dem Meeresspiegel liegen.

Einen einzigartigen Beweis für die katastrophalen Umwälzungen während der Sintflut liefert uns die Topographie der Antarktis, ebenso wie sie uns Hinweise auf die Entwicklungsstufen der Menschheit vor der Katastrophe gibt. Der neuzeitliche Mensch entdeckte die Antarktis erst in den zwanziger Jahren des vorigen Jahrhunderts, wenige Jahre nachdem Captain Cook sie vergeblich gesucht und deshalb gefolgert hatte, sie existiere gar nicht. Man vermutete zwar schon früher, daß sich am Südpol eine größere Landmasse befinden müsse, um das Gewicht der Kontinente auszubalancieren, doch war die Schiffahrt in kartographisch nicht erfaßten Gewässern schwierig, da man noch keine Längengrade kannte. Diese wurden erst in den letzten Jahren der Regierung von Georg III. zu Beginn des 19. Jahrhunderts festgelegt.

Aber einige antike griechische oder phönizische Landkarten, die vielleicht aus der Bibliothek von Alexandrien oder aus anderen, längst zerstörten Bibliotheken stammen, zeigen am Südrand der Erde einen Kontinent mit Gebietsunterteilungen. In Ermangelung anderer Informationen wurden diese alten Karten kopiert, noch bevor man einen Beweis für die Existenz der Antarktis hatte. So beispielsweise unter anderem im Fall der Buache-Karte von 1737 und der Finaeus-Karte von 1532. Auf einer Weltkarte aus dem Jahre 1513, der Piri Re-Karte, ebenfalls eine Kopie alter griechischer oder phönizischer Karten, die uns zu einem Sechstel noch erhalten ist, ist eine Verbindung zwischen Argentinien und der Antarktis eingezeichnet, die der Aufteilung der Kontinente vor der Sintflut und einem Ansteigen der Meeresspiegel entsprechen würde.

Der verstorbene Charles Hapgood, Autor von *Maps of the Ancient Sea Kings* und *The Path of the Pole*, Professor am Keene State College in New Hampshire, fand heraus, daß sich die Piri Re-Karte auf die sphärische Geometrie und die Längengradeinteilung stützt. Nachdem er nicht nur diese Weltkarte, sondern auch viele andere antike Landkarten jahrelang studiert hatte, war er zu der Überzeugung gelangt, daß die alten Seefahrer die Antarktis vor der letzten großen Klimaveränderung, welche die Klimazonen nach der Sintflut festlegte, erforscht haben mußten.

Eine Reihe von Entdeckungen bestätigten die „fantastischen" kartographischen Konzepte der Antike und untermauerten Hapgoods Theorie. Der Verlauf der antarktischen Küstenlinien unterscheidet sich auf den antiken Karten und den modernen Seekarten, aber es handelt sich um echte Küstenlinien. Die Antarktis weist allerdings keine Eisdecke auf. Die auf den alten Karten verzeichneten Flüsse sind heute von Gletschern bedeckt. Am erstaunlichsten ist jedoch, daß die antiken Landkarten die Antarktis in Form zweier Inseln darstellen – nicht als eine Landmasse, wie dies früher angenommen wurde. Offensichtlich wußten die Entdecker schon zu einer Zeit, die heute mit 8 000 bis 10 000 Jahren vor Christi Geburt angegeben wird, über diese Tatsache Bescheid, die für uns erst durch eine Expedition im Jahre 1968 bewiesen wurde.

Die Seefahrer, die die Antarktis aufsuchten, gehörten einer Zeit vor der Sintflut an. Vielleicht liegen unter der dicken Eisschicht noch immer die Überreste großer Schiffe, die ebenso alt sind wie die Arche Noah oder sogar älter.

9

Tierarten, die mit der Sintflut verschwanden

Maler und Illustratoren der Vergangenheit und Gegenwart haben mit Vorliebe Themen aus der Sintflut-Legende gestaltet: wie Noah die Tiere einsammelte, sie in die Arche verlud, wie er die männlichen und weiblichen Exemplare aller lebenden Gattungen (mit Ausnahme der Fische?) über einen Zeitraum von mehr als einem halben Jahr fütterte. Aber ebenso häufig wurden und werden diese Themen von jenen verspottet, die an der Sintflut und an der Arche zweifeln. Sie weisen dabei gerne auf eine Reihe von Ungereimtheiten hin, die das Überleben der Tiere in der Arche ihrer Meinung nach unwahrscheinlich machen.

Da sich auf ihre rhetorischen Fragen oft keine konkreten Antworten geben lassen, stützen sich die „Gegenbeweise" auf Glaubensüberzeugungen, Bibelstellen und Wunder, die der wissenschaftlichen Logik zwar wiedersprechen, im Licht des Glaubens jedoch logisch und überzeugend erscheinen.

Wie wurden die Tiere eingesammelt? Wie konnten Tiere aus weit entfernten Erdteilen in die Arche gelangen?

Der Geist Gottes geleitete jedes Tierpaar, das Männchen und das Weibchen, an seinen Bestimmungsort.

Selbst wenn die Arche wirklich so groß gewesen wäre,

wie in der Bibel beschrieben (Gen. 6, 15), wie hätte die kleine Mannschaft, die ja nur aus Noah und seiner Familie bestand, diese vielen Tiere durchfüttern können? Und warum fraßen die Raubtiere die anderen nicht auf?

Während die Tiere in der Arche waren, verfielen sie in eine Art Winterschlaf und brauchten daher kein Futter.

In Gen. 7, 2 steht geschrieben, daß von „jedem reinen Vieh" und von „den Vögeln unter dem Himmel" je sieben in die Arche aufgenommen wurden, während von dem „unreinen Vieh" nur je ein Paar gewählt wurde. Warum dieser Unterschied?

Gott wollte Noah und seiner Familie helfen und ihnen nach der Landung eine größere Zahl von Haustieren zur Verfügung stellen.

Weshalb wurde die Schlange, die von Gott verflucht worden war, in die Arche aufgenommen?

Gott hatte die Schlange bereits bestraft (Gen. 3, 14).

Wir kennen die Maße der Arche aus der Bibel. Wie können auf diesem relativ kleinen Raum viele tausend Tier- und Vogelarten untergebracht werden?

Die Bibel spricht nicht unbedingt von jedem Tier und jedem Vogel, sondern nur von der Gattung. Viele Arten und Unterarten haben sich erst nach der Sintflut entwickelt. Es genügen zum Beispiel zwei Pferde, um verschiedene Pferderassen entstehen zu lassen; ein Hirsch und eine Hirschkuh als Stammeltern aller Hirscharten, ein Löwen- oder Tigerpärchen als Stammeltern aller Raubkatzen, zwei Hunde als Ahnen aller Hunderassen.

Während das Leben in der Arche in der Bibel nur kurz gestreift wird, sind uns doch sekundäre Überlieferungen bekannt, die mehr Aufschluß darüber geben. So wird zum Beispiel in einer Legende die rasche Vermehrung von Mäusen und Ratten in den Getreidespeichern beschrieben. Gott befahl daher dem Löwen, zu niesen. Dieser nieste eine Katze, die sich sofort auf die Jagd nach den Nagern machte. (Da die Katze in der Bibel nicht erwähnt wird, ist diese Legende vielleicht als Versuch anzusehen, ihre Existenz zu rechtfertigen.)

Bildliche Darstellungen der Arche finden auch heute noch großen Anklang, nicht nur in Kinderbüchern, sondern auch in den Spalten populärer humoristischer Zeitschriften. Giraffen mit langen Hälsen, riesige Elefanten und andere große Tiere, die auf dem kleinen Raum kaum untergebracht werden können, drängen sich da auf dem Schanzdeck, während die Arche über einen endlosen Ozean dahinsegelt oder auf einem Berggipfel festsitzt.

Wenn auch Einzelheiten der Arche-Legende in Zweifel gezogen werden können, so heißt das noch nicht, daß man an der Sintflut Zweifel hegt oder daran, daß einzelne Menschen überlebten und sich deshalb für Auserwählte hielten – was sie vielleicht auch waren. Ebenso ist es durchaus plausibel, daß ein legendärer Noah danach trachtet, möglichst viele seiner Verwandten und dazu seine Tiere sowie Nahrungsvorräte und Saatgut zu retten, um nach der Sintflut ein neues Leben beginnen zu können.

Und andere Noahs, die unter anderen Namen an anderen Orten lebten und andere Erfahrungen machten, müssen in Schiffen oder auf Bergen anderswo in der Welt der Katastrophe entronnen sein. Verschiedene Sagen und Legenden über diese Noahs haben sich unter ihren Nachkommen über Jahrtausende erhalten.

Die uns bekannte Geschichte von Noah und der Sintflut, die ihren Ursprung im Nahen Osten hat, fand im Laufe der

Zeit durch das Christentum in der ganzen Welt Verbreitung und kam in Berührung mit Berichten über eine katastrophale Überschwemmung, wie sie schon den Völkern des alten Europa, den Bewohnern Asiens, Afrikas, Nord- und Südamerikas und der pazifischen Inseln bekannt waren. Alle diese Überlieferungen stimmten zwar nicht in den Einzelheiten, wohl aber in groben Zügen mit den Aussagen der Bibel überein. Andere Versionen erwähnen eine Vielfalt verschiedener Tierarten – Lamas und andere Tiere, die den südamerikanischen Indianern hinauf in die Anden folgten, Tiere, die auf Flößen gerettet wurden oder sich in hochgelegene Berghöhlen flüchten konnten.

Wieder andere Geschichten berichten von Bären, Wölfen, Lamas, Kamelen, Pferden und Mäusen. Die Genesis nennt demgegenüber neben den „reinen" und „unreinen" Tieren, der Taube und dem Raben, keine spezifischen uns bekannten Arten, noch solche, die nach der Sintflut ausgestorben sind.

Verschiedentlich wurde die Frage gestellt, warum in der Bibel jeder Hinweis auf die ungeschlachten prähistorischen Ungeheuer fehlt, deren Größe und ungefähre Gestalt wir heute ziemlich genau rekonstruieren können. Als man in Europa zufällig auf Fossile prähistorischer Tiere stieß, vertraten einige Theologen die Ansicht, diese merkwürdigen Knochen seien zugleich mit den Steinen und Felsen des Erduntergrundes geschaffen worden. Andere argumentierten logischer und meinten, daß es sich um die Reste von unbekannten Tieren handeln müßte, die vor oder während der Sintflut ausgestorben sind. Heute wissen wir durch die Untersuchung der Erdschichten an den Fundstellen, daß die Dinosaurier fünfzig bis sechzig Millionen Jahre vor dem ersten Auftreten des Menschen verschwunden sind – vielleicht infolge von Klimaveränderungen, die durch kosmische Strahlung ausgelöst wurden.

Aber gerade die Bibel liefert uns, wenn sie von der Sintflut spricht, die in geologischer Hinsicht jüngeren Datums ist, und von den Tieren, die in dieser Zeit umgekommen sind, einen höchst eindrucksvollen Beweis für eine auch die Sintflut miteinschließende weltweite Katastrophe – wiederum eine erstaunliche Übereinstimmung zwischen biblischem Text und neuen zoologischen Erkenntnissen. Denn obwohl die Bibel, abgesehen vom Lebensalter der Patriarchen, keine Hinweise auf eine Datierung der Sintflut gibt, geht doch aus dem Text deutlich hervor, daß der Mensch die Erde schon so lange bevölkert hatte, daß er eine Lebensweise oder Zivilisationsform entwickeln konnte, die Gott mißfiel (Gen. 6, 17).

Viele verschiedene Tierarten und -gattungen verschwanden zu jener Zeit, als die Gletscher aus irgendeinem Grund schmolzen, die Meere aus den Ufern traten, Beben die Erde erschütterten und ein rascher, fast unvermittelter Klimawechsel eintrat. Betroffen waren jene Tierarten, denen es, bildlich gesprochen, nicht gegönnt war, ein Pärchen in die Arche zu entsenden und die damit vor elf- oder zwölftausend Jahren verschwanden. Irgendeine Katastrophe veränderte damals alle Formen tierischen Lebens, löschte ganze Arten aus und bewirkte bei vielen überlebenden Arten so etwas wie einen plötzlichen Evolutionssprung.

Riesige Mengen dieser ertrunkenen Tiere fand man in hochgelegenen Höhlen und Schluchten, in regelrechten Knochenlagern überall auf der Erde, wohin sie sich vor den Wassermassen vergeblich zu retten versucht hatten. Dr. J. Manson Valentine, ein Paläontologe und Zoologe, der einige dieser Knochenlager aufgesucht hat, weist nach, wie weitverbreitet diese „Todesfallen" sind, in denen vor elftausend Jahren unzählige Tiere umkamen:

In Wales und Devonshire und in manchen Gebieten Südenglands findet man auf Hügeln ganze Gräben voll mit zerschmetterten Knochen von Hyänen, Flußpferden, Elefanten, Polarbären und anderen bekannten Tieren. Auch im Westen des europäischen Kontinents kennt man solche Fundstellen. In den Felsspalten des Mont Geray in Frankreich liegen die Knochen von Nashörnern, Elefanten, Löwen und Auerochsen; in den Schweizer Alpen die von Krokodilen, riesigen Straußen und Polarbären.

In Dakota wurden die Knochen von Kamelen und Pferden mit den Knochen von schwer identifizierbaren Tieren durch den großen Druck zu riesigen Blöcken gepreßt. In Nebraska findet man die Überreste von Nashörnern und Riesenschweinen. Die Knochen in den La Brea-Höhlen in Kalifornien stammen von riesigen Faultieren, Kamelen, Löwen, Pferden, Pfauen und prähistorischen Büffeln.

In einer Doline in den Sümpfen Floridas ragte ein riesiger Stoßzahn aus dem Schlamm, an dem ein ganzes Mastodon hing, das vor elftausend Jahren umgekommen war. In der Umgebung verstreut, lagen Knochen von Kamelen, Pferden, Tigern, Faultieren und einer unübersehbaren Zahl anderer Tiere im Schlamm begraben...

Die Ljachow-Inseln in Nordsibirien sind so dicht mit Mammutknochen übersät, daß sie früher „Knocheninseln" hießen. Nicht nur, daß die Inseln selbst von Knochen regelrecht bedeckt sind, findet man dort auch im Meer richtige Knochenbänke, die Überreste jener Tiere, die ertranken, als sie die rettenden Inseln erreichen wollten.
In seinem Buch *Erde im Aufruhr* bemerkt Dr. Immanuel Velikovsky im Hinblick auf diese weltweite Katastrophe, die ein solches Massensterben verursachte, daß die Tiere plötzlich vom Tod überrascht wurden und zwar Tiere ganz verschiedener Arten:

... hundertfünfzig bis zweihundert Meter über dem Meeresspiegel hat man im Hügelland um Montreal sowie in New Hampshire und Michigan die Knochen von Walen gefunden. An vielen Stellen der Erde lagerten in einem Durcheinander Knochen von Meerestieren, von Tieren aus der Arktis und aus tropischen Zonen. Als Beispiele seien genannt die Cumberlandhöhlen in Maryland, der Chou Kou Tien-Graben in China, aber auch Fundstellen in Deutschland und Dänemark. Man hat Flußpferde und Strauße zusammen mit Seehunden und Rentieren gefunden ... von der Arktis bis zur Antarktis ... auf hohen Bergen, in den Tiefen des Ozeans – lassen sich zahllose Zeugnisse gigantischer Umwälzungen nachweisen...

Die sibirischen Mammuts wurden durch die plötzlich hereinbrechenden Fluten eingekesselt und unter Massen von Schlamm begraben, der in der Folge gefror und die Tiere vor der Verwesung bewahrte. Aus diesem großen Mammutfriedhof hat man jahrtausendelang Elfenbein bezogen – Elfenbein, das man nur verwenden und verkaufen konnte, weil es unversehrt erhalten geblieben war. Der tadellose Konservierungszustand der Mammuts, die noch Fell, Stoßzähne, Muskeln, innere Organe und sogar Augäpfel aufwiesen, erweckte in den sibirischen Nomaden den Eindruck, die Tiere wären noch lebendig und wohnten in einem unterirdischen Bau. Das tungisische Wort *mamut* bedeutet „der Wühlende". Professor Charles Hapgood hat in seinem Buch *The Path of the Pole* darauf hingewiesen, daß die Analyse des Mageninhalts eines dieser schockgefrorenen Mammuts ergab, daß das Tier, als es von den Schlamm- und Wassermassen erfaßt wurde, gerade Butterblumen fraß – eine etwas ungewöhnliche Futterpflanze, wenn man das heutige Klima in Nordsibirien bedenkt. Wie rasch der Gefrierungsprozeß fortschritt, beweisen Eiskristalle, die man in der Lunge der Tiere fand.

Alle diese Tierarten, die in einer aus moderner Sicht unangemessenen Umgebung entdeckt wurden, starben infolge der Sintflut oder des gleichzeitigen Klimawechsels aus. Mit dem Ende der dritten Eiszeit verschwanden der große irische Elch, der Höhlenbär, aber auch der Auerochs aus Europa. Zur selben Zeit starben in Südamerika die Pferde, Elefanten, Löwen, Riesenfaultiere, Toxodons (flußpferdähnliche Tiere) und Glyptodons (Riesengürteltiere) aus. In Südostasien wurden dreißig Arten von Elefanten und alle Nashornarten bis auf zwei ausgerottet.

Im Zusammenhang mit dem Verschwinden dieser vielen Tierarten machte Charles Darwin während seiner Forschungen in Südamerika die wichtige Feststellung, daß die meisten der ausgestorbenen Tiere Südamerikas aus der selben Zeit stammten wie die dort im Boden gefundenen Muscheln.

Felszeichnungen von Löwen, Nashörnern und Kamelen, die man auf den Hochebenen der Anden und im Dschungel entdeckt hat und die Jahrtausende vor der ersten sicher belegten indianischen Zivilisation entstanden sind, lassen auf die Möglichkeit schließen, daß in Südamerika zu der Zeit, als viele Tierarten durch eine Flutkatastrophe ausstarben, bereits Menschen existiert haben.

Die große Überschwemmung wurde in den ältesten Chroniken der ersten Kulturvölker beschrieben. Sie hat ihre Spuren auf der ganzen Welt hinterlassen. Die Flutwasser sind nicht gewichen, sie haben sich nur an bestimmten Stellen gesammelt. An Hand der Tiefenlinien lassen sich auf jeder Meereskarte die ehemaligen Landmassen aufzeigen. Aber den überzeugendsten Beweis für die Sintflut und die Verheerungen, die das Bild der Erde veränderten, liefern die Funde von zahlreichen Tierarten, deren zertrümmerte Knochen durch das wirbelnde Wasser in Höhlen und Spalten geschwemmt wurden.

Und es gibt natürlich noch etwas, was den überlieferten unmittelbaren Volksglauben an die Sintflut erhärten könnte – die Entdeckung des Schiffes auf dem Berg Ararat.

10

Widersprüchliche Theorien

Am 12. Mai 1967 erschien im *London Daily Telegraph* eine Kleinanzeige mit folgendem Text:

DRINGEND GESUCHT: Name, Daten oder andere Informationen über älteren Mann, der zwischen 1917 und 1925 starb und auf dem Totenbett aussagte, er hätte als Junge den Ararat bestiegen und die Arche Noah gesehen. Zuschriften an U.N. 1725 Daily Telegraph I.C.

Diese Anzeige scheint in Zusammenhang zu stehen mit dem oft zitierten Bericht, wonach in den fünfziger Jahren des 19. Jahrhunderts fünf Männer – drei britische Forscher mit zwei armenischen Führern, Vater und Sohn – zur Arche aufgestiegen sind. Eine Reihe von Forschern haben auf dieses ungewöhnliche Vorkommnis Bezug genommen, aber besonders eingehend behandelt wurde es in dem Buch *Has Anyone Really Seen Noah's Ark*, das Violet Cummings unter Mitwirkung ihrer Tochter, Phyllis Watson Cummings, und ihres Mannes, Eryl Cummings, verfaßt hat. (Hier haben wir den Fall, daß sich eine ganze Familie der Suche nach der Arche widmete!) Eryl Cummings, der achtzehnmal auf dem Ararat gewesen ist, hat so viel Material über die Arche gesammelt, daß die Aktenreihe heute bereits fünfzehn Meter lang ist, eine Sammlung, die wahrscheinlich die vollständigste Dokumentation über dieses Thema darstellt.

Die oben erwähnte Sichtung der Arche, die Schweigeverpflichtungen, Totenbettgeständnisse und seltsame Zufälle (die erwähnte Zeitungsanzeige ist nur einer unter vielen) nach sich zog, wird von den Cummings und anderen Forschern als schlüssiger Beweis dafür angesehen, daß einige glaubwürdige Zeugen die Arche gesehen haben. Die Sichtung ist aber auch ein Beispiel für den Widerstreit zwischen Glauben und Skepsis, zwischen jenen, welche die Bibel als historisches Dokument betrachten, und der Gemeinschaft von Wissenschaftlern einschließlich einiger Bibelforscher, die sich gegen diese Auffassung stellen.

Kritik an den logischen Widersprüchen des biblischen Schöpfungsberichtes, der Darstellung von Arche und Sintflut und der anschließenden Entwicklungsgeschichte der frühen Menschheit hat es schon bei den Freidenkern im Mittelalter gegeben, allerdings verhinderten damals abschreckende Faktoren wie etwa die drohende Aussicht, auf dem Scheiterhaufen zu landen, jede offene Meinungsäußerung. Mit dem Aufkommen revolutionärer Ideen, beginnend in Frankreich mit Voltaire und den Enzyklopädisten, erfolgten auch Angriffe gegen das Alte und das Neue Testament. Nicht einmal hundert Jahre später erschütterte Darwins Evolutionstheorie den biblischen Glauben an die Erschaffung des Menschen, und die Diskussionen reißen bis heute nicht ab, da Funde in Afrika und anderswo dazu führten, daß man das erste Auftreten des Menschen zunächst auf Hunderttausende Jahre vor unserer Zeit ansetzte und inzwischen bereits auf mehrere Millionen Jahre schätzt.

Im Verlauf dieser hitzigen Debatte, die von Darwin ausgelöst oder wenigstens populär gemacht worden war, bildeten sich in England mehrere atheistische oder Darwinsche Vereine. Der Zufall wollte es, daß gerade zu jener Zeit, von Kleinasien ausgehend, über türkische Quellen die ersten Berichte an die Öffentlichkeit drangen, wonach die Arche auf dem Ararat nach etlichen Erdbeben wiederentdeckt worden sei. Diese Berichte brachten ein paar vermögende Mitglieder eines solchen Vereins auf den Gedanken, es könnte höchst reizvoll sein, in die Türkei zu reisen, den Ararat zu besteigen und an Ort und Stelle den Schwindel von der angeblichen Entdeckkung zu entlarven.

Drei Freunde brachen auf und erreichten Anfang der fünfziger Jahre des 19. Jahrhunderts Beyazit (heute Dogubeyazit). Dort heuerten sie einen armenischen Führer an, der ihnen versicherte, er würde sie zur Arche Noah bringen. Sie bestiegen den Berg, doch führten ihre Nachforschungen nicht zu dem erhofften Resultat. Der Sohn dieses Armeniers, ein gewisser Yearam, emigrierte später in die Vereinigten Staaten, wo er bis zum Jahr 1920 lebte. Yearams Bericht ist der einzige uns überlieferte unmittelbare Augenzeugenbericht, sieht man von dem etwas dubiosen „Totenbettgeständnis" ab, das wahrscheinlich von einem der englischen Skeptiker stammt.

Fast fünfundsechzig Jahre nach dieser Ararat-Besteigung diktierte Yearam seinen Bericht über die damaligen Ereignisse Harold und Ida Williams, seinen Wohltätern und Gastgebern in Kalifornien. Yearam, der nun den Titel Hadschi, Pilger, trug, weil er eine Pilgerreise nach Jerusalem hinter sich gebracht hatte, war zu jener Zeit bereits in vorgerücktem Alter und bei schlechter Gesundheit, so daß er sich dem Tod nahe glaubte. Deshalb erklärte er seinen Gastgebern, daß er vor seinem Tod noch etwas Wichtiges niederzuschreiben hätte. Zeit seines Lebens hätte er, dem geleisteten Schwur treu folgend, sein Geheimnis bewahrt, aber nun, da er im Sterben läge und alle Beteiligten wahrscheinlich schon tot wären, fühlte er sich nicht mehr an den Eid gebunden.

Das Geheimnis betraf die Arche Noah. Yearam erzählte, wie sein Vater die englische Expedition auf den Ararat geführt hatte, wo sie die Arche ohne besondere Schwierigkeiten fanden, da der Gletscher zu dieser Zeit stark abgeschmolzen war. Das Schiff steckte teilweise im Gletschereis, dessen Schmelzwasser in der Nähe einen See gebildet hatte. Die Arche war von der Seite her zugänglich, und man konnte sich mit eigenen Augen überzeugen, daß es sich um ein Schiff mit einem mehrstöckigen Aufbau handelte, das in den Maßen ungefähr der biblischen Arche entsprach. Die englischen Forscher zeigten jedoch keinerlei Befriedigung über diese ungewöhnliche Entdeckung, sondern nahmen, wütend, daß ihre Überzeugung widerlegt worden war, Yearam und seinem Vater unter Todesdrohungen den Eid ab, nie über diesen Fund zu sprechen. Obwohl Yearam lange Jahre in Amerika gelebt hatte, weit weg vom Ararat, hatte er diesen Schwur erst gebrochen, als er seinen Tod nahen fühlte. Alle Einzelheiten seiner Erzählung wurden in einem Heft notiert. Nachdem Yearam mit seinem Namen gezeichnet hatte, unterschrieben auch Harold und Ida Williams als Zeugen. Yearam starb, trotz seiner Todesahnungen, erst 1920, also rund fünf Jahre später.

Einige Zeit nach Yearams Tod las Harold Williams in der Tageszeitung seiner Heimatstadt Brockton in Massachussetts einen kurzen Artikel über einen englischen Wissenschaftler, der vor seinem Tod seiner Familie gestanden hätte, einer jener Engländer gewesen zu sein, die die Arche gefunden und die beiden Armenier mit Drohungen gezwungen hatten, über ihre Entdeckung Stillschweigen zu bewahren. Er und seine Partner hätten einfach ein „Gentlemen's Agreement" getroffen, nie über ihre Expedition und ihren Fund zu sprechen.

Das von Yearam unterzeichnete Heft und der Zeitungsartikel fielen einem Brand zum Opfer, der 1940 durch eine Butangasexplosion in dem von den Williams geführten Pflegeheim in Louisiana ausbrach. Erhalten ist uns aber noch neben dem Archiv der Familie Cummings und den Aussagen der beiden Williams und anderer Personen, die Hadschi Yearam gekannt haben, die Anzeige aus dem *Daily Telegraph* – offensichtlich ein Versuch, etwas über Yearam zu erfahren, allerdings aus einer heute nicht mehr feststellbaren Quelle.

Eryl Cummings ist das Musterbeispiel eines Archeforschers, dessen Leben beherrscht wird von dem ausschließlichen Ziel, die Existenz der Arche zu beweisen, und zwar von dem Augenblick an, als er im Alter von vier oder fünf Jahren in der Sonntagsschule zum ersten Mal von der Arche hörte. Dieses früherwachte Interesse, das sein ganzes Leben beeinflußte, findet eine deutliche Parallele in der Biographie Heinrich Schliemanns, des Troja-Entdeckers, der als Siebenjähriger eine Darstellung der großen Mauern von Troja sah und auf diese Weise zu seinen archäologischen Forschungen angespornt wurde, die schließlich zur Entdeckung Trojas führten. Cummings verwendete sein durch eine erfolgreiche Geschäftskarriere erworbenes Vermögen zur Finanzierung seiner siebzehn Expeditionen und trat damit in die Fußstapfen Schliemanns und Fernand Navarras. Seine letzte Expedition auf den Ararat unternahm er 1986 mit ungebrochener Tatkraft noch im hohen Alter von zweiundachtzig Jahren. Er erlitt schwere Verletzungen, als ihn auf dem Berg ein durchgehendes Pferd abwarf, was ihn aber keineswegs zum Abbruch seiner Erkundungen bewegen konnte, sondern nur dazu veranlaßte, die weniger temperamentvollen Maultiere und Esel als Reittiere zu verwenden.

Manche Entdeckungen werden erst nach langen Jahren der Vergessenheit plötzlich bekannt. So glaubt etwa Cummings, erst kürzlich einen verläßlichen Augenzeugen aufgespürt zu haben, doch weigert er sich derzeit noch, Namen und Wohnort der betreffenden Person anzugeben, damit sie nicht von anderen Forschern bedrängt wird oder ihr gar irgendwelche Gefahren erwachsen wie im Fall von George Jefferson Greene (siehe Kapitel 10). Dieser Zeuge behauptet, die Arche vor einundvierzig Jahren gefunden zu haben, und zwar genau in dem Bereich oberhalb der Ahoraschlucht, wo Cummings und etliche andere sie vermuten. Er sagt weiter, die Entdekkung habe während der günstigen Schmelzperiode stattgefunden, und seine Führer seien sogar ins Innere des Schiffes vorgedrungen, während ihn selbst ein plötzlicher Schlechtwettereinbruch daran gehindert hätte. Allerdings gibt er an, den großen hölzernen Bau von einer gegenüberliegenden eisbedeckten Felskante aus gesehen zu haben. Seine Führer fanden angeblich im Inneren des Schiffes gefrorene Nahrungsmittel – Samen, Honig und Linsen –, wovon sie ihm einen Teil überließen. Es wäre begrüßenswert, wenn bald eine Datierung dieser gefrorenen Vorräte erfolgte, damit ein Zeitvergleich mit den Holzteilen von Navarra durchgeführt werden kann. In ägyptischen Gräbern fand man Weizen aus der Pharaonenzeit, aus uralten Schiffswracks auf dem Grund des Mittelmeeres holten Taucher noch verschlossene Amphoren voll mit Wein empor und tranken davon. Der Wein hatte jedoch, wie sie berichten, durch das Alter keineswegs an Qualität gewonnen.

Eryl Cummings und die anderen engagierten Forscher, die Jahr für Jahr zum Ararat zurückkehren, um die Suche nach der Arche fortzusetzen, sind fast alle Menschen, die in unerschütterlichem Glauben an die Bibel die darin berichteten Ereignisse als historische Fakten ansehen. Die Wissenschaftler teilen in den allermeisten Fällen diese Auffassung nicht. Den Standpunkt der archäologischen Wissenschaft hat Dr. Frolich Rainey, Direktor des Museums der Universität von Pennsylvania, unmißverständlich dargelegt, als unter seiner Amtszeit die Holzstücke Navarras mit Hilfe eines C-14 Tests auf 560 n. Chr. datiert wurden, auf einen Zeitpunkt also, der sich mit dem Sintflut-Bericht nicht vereinbaren läßt. Damals stellte Dr. Rainey fest: „Auf dieser Welt ist absolut alles möglich, aber wenn auf dem Gebiet der Archäologie irgend etwas unmöglich ist – dann dies hier."

Obwohl jedoch die Wissenschaft der Bibel im allgemeinen recht wenig Relevanz als historische Quelle zugestehen will, sollte man nicht vergessen, daß die im Alten Testament enthaltenen topographischen Angaben den britischen Stabsoffizieren im Ersten Weltkrieg bei ihrem Einsatz in Palästina, Jordanien und Syrien von großem Nutzen waren. Dies spricht wohl dafür, daß eine hinreichende Bibelkenntnis unerwartete Vorteile mit sich bringen kann. Oder wie sich Egerton Sykes vor einigen Jahren ausgedrückt hat: „In den letzten dreißig Jahren ist mehr Faktenmaterial zum Alten Testament zutage gekommen als in den letzten zweitausend Jahren ... man sollte daher die Geschichte von der Arche nicht (pauschal) ablehnen..."

Während es allerdings verständlich ist, daß sich überzeugte Atheisten gegen eine allzu wörtliche Auslegung der Genesis, also die Behauptung, an einem tatsächlichen Vorhandensein der Arche auf dem „Gebirge Ararat" sei nicht zu zweifeln, heftig zur Wehr setzen, erscheint es doch verwunderlich, daß einige kirchliche Bibelexperten der Auffassung sind, der Glaube an die Arche sei im Licht der modernen historischen Forschungsergebnisse nicht mehr vertretbar. So meint zum Beispiel Pater David Maria Turold, ein italienischer Theologe, den Mario Zanot in *Kometen, Sintflutmythen und Bibelarchäologie* zitiert, daß eine große Überschwemmung zwar stattgefunden, sich aber nur auf Mesopotamien und die angrenzenden Länder beschränkt habe, ein Bereich, der den damaligen Überlebenden eben als „die ganze Welt" galt. In der Vergangenheit hat es nach großen Naturkatastrophen immer wieder Überlebende gegeben. Diese wurden dann so wie Noah als gerecht und ehrenhaft beschrieben. Dieses Attribut der Rechtschaffenheit, das ihnen spätere Generationen verliehen, ist allein Grund genug für ihre Auserwählung. Pater Turold vertritt die Ansicht, daß selbst nach einer modernen Weltkatastrophe, wie sie zum Beispiel ein Atomkrieg heraufbeschwören könnte, einige

Menschen durch Zufall oder Bestimmung überleben würden und mit ihnen die ganze Rasse erhalten bliebe.

Andere Bibelexperten, so zum Beispiel Dr. Howard Teeple, der geschäftsführende Direktor des Instituts für Religion und Ethik in Evanston, Illinois, vertreten die Meinung, daß der Glaube an die Arche nicht nur unbegründet, sondern auch irreführend sei. Mit Bezug auf die Geschichte von der Arche sagt er: „Aufgrund meiner fachlichen Ausbildung auf dem Gebiet der Altertums- und Bibelforschung weiß ich, daß die Arche Noah nicht auf dem Ararat liegen kann, weil sie nämlich überhaupt nicht existiert hat." In seinem Buch *The Noah's Ark Nonsense* hat Dr. Teeple dargelegt, wie die sumerisch-babylonische Sage vom Juden- und Christentum aufgegriffen wurde und sich in immer weiteren Kreisen über die ganze Welt verbreitete, als eine faszinierende Geschichte, die jedoch jede historische oder erdgeschichtliche Fundierung vermissen läßt. (Diese Theorie erklärt allerdings nicht, weshalb die Flut-Legende nicht nur in Europa, sondern auch in Asien, Afrika, Nord- und Südamerika und auf den Pazifischen Inseln bereits Tausende Jahre vor dem Auftreten der Europäer bekannt war.)

Im Jahre 1977 fand Dr. Teeple in den *Chicago Daily News* einen Fernsehfilm *In Search of Noah's Ark* angekündigt, der nach dem 1976 erschienenen Buch gleichen Titels, verfaßt von Dave Balsinger und Charles Sellier Jr., gedreht worden war. Dr. Teeple erzählt: „Ich habe die Sendung mit Papier und Bleistift in der Hand verfolgt. Der Film war noch schlimmer, als ich befürchtet hatte." Wogegen er vor allem Einspruch erhob, war die Tendenz, „den Zusehern vorzuspiegeln, die Arche befinde sich wirklich dort (auf dem Ararat) und die Aussagen der Bibel seien in allem wörtlich zu nehmen". Ihm zufolge „ist in dem Film nicht darauf hingewiesen worden, daß die Ausgangshypothese (von der Sintflut und dem Berg Ararat) schon lange von den Seminaren der Hauptkirchen und den theologischen und historischen Fakultäten nahezu aller Universitäten der westlichen Welt verworfen worden ist".

In der Folge schrieb Dr. Teeple einen Protestbrief an die NBC, worin er der Fernsehgesellschaft Verantwortungslosigkeit vorwarf, und sandte eine Kopie dieses Schreibens auch an den Bundeskirchenrat in Washington. Außerdem ersuchte Dr. Teeple die NBC in seinem Brief, einen Anti-Arche-Film zu produzieren und landesweit zur Hauptsendezeit auszustrahlen, um den Ruf der NBC als Sender mit ausgewogener Berichterstattung zu wahren. Dr. Teeple bezichtigte den Arche-Film der sektiererischen Propaganda, „denn er versucht nach Art der Fundamentalisten zu beweisen, daß die Bibel faktisch wahr ist", und schließlich wandte er sich auch gegen die „mangelnde Fairneß gegenüber Wissenschaftlern, seriösen Historikern, Archäologen und Bibelforschern", die in diesem Film zum Ausdruck gekommen sei.

NBC reagierte nach einiger Zeit mit der Feststellung, daß der Film „nur zur Unterhaltung" geboten worden sei, und der Bundeskirchenrat befand, daß der Film kein kontroversielles Thema von allgemeiner Bedeutsamkeit behandelt habe und damit auch keiner Gegendarstellung bedürfe. Darauf antwortete Dr. Teeple, daß der Gegensatz zwischen fundamentalistischer und historischer Geschichtsauffassung zum „Bruch zwischen den Bibelschulen und den wichtigsten (religiösen) Lehrmeinungen geführt hat. Wenn dies kein kontroversielles Thema ist – was ist dann kontroversiell?"

Einschlägige wissenschaftliche Kommentare zur Arche und der Sintflut stammen von Dr. Bülent Atalay, Professor für Physik am Mary Washington College in Fredricksburg, Virginia. Wie in *Pursuit*, dem Organ der „Gesellschaft für die Erforschung unerklärlicher Phänomene" festgestellt wird, ist Dr. Atalay in mehrfacher Hinsicht besonders kompetent, um zu Fragen der Arche Stellung zu nehmen: Er ist Türke, Sohn eines türkischen Generals, kennt die Ararat-Region von persönlichen Besuchen und besitzt als Physiker auch die Voraussetzungen, die Geschichte von der Sintflut und der Arche von einem wissenschaftlichen Standpunkt aus zu betrachten.

Dr. Atalay hat das Holz Navarras untersucht, und zwar das Stück, das laut Ergebnis des C-14 Tests 4 000 bis 5 000 Jahre alt ist. Auch er hat Spuren von Axthieben daran festgestellt, woraus sich schließen läßt, daß es von Hand behauen wurde. Seiner Meinung nach könnte das Holz von irgendeinem alten Heiligtum oder anderem Bauwerk auf dem Ararat stammen, das ein Volk der Frühzeit, die Hethiter, Babylonier oder Sumerer errichtet haben und das heute unter dem Gletschereis liegt.

Als Wissenschaftler scheint es ihm zweifelhaft, daß die Arche in einer Höhe von 4 000 bis 4 200 Metern liegen und vielleicht in einer noch größeren Höhe, also auf über 5 000 Metern, gelandet sein soll. Er meint dazu: „Der Annahme, daß das Wasser bis zu einer Höhe von 5 000 Metern angestiegen ist, kann ich mich keinesfalls anschließen... Selbst wenn alles Wasser kondensiert und sogar die Pole abschmelzen, wäre das nicht genug, um (weltweit) ein Wasserniveau von über drei- bis vierhundert Metern zu erreichen."

Einen unerwarteten wissenschaftlichen Zuspruch fand die häufig geäußerte fundamentalistische Theorie, daß die Wasser der Sintflut sich aus einer großen interstellaren Wolke auf die Erde ergossen haben, durch Louis Frank, einen Physiker der Universität von Iowa, dessen Theorie auch andere Kollegen derselben Universität unterstützen. Dr. Frank vertritt die Ansicht, daß ein derartiges Ereignis vor langer Zeit durchaus hätte stattfinden können. In einem Artikel der *New York Times* vom April 1986 stellt Dr. Frank die Hypothese auf, daß das Wasserreservoir unserer Weltmeere nicht immer dasselbe Volumen hatte, sondern aus dem Sonnensystem gespeist wurde und schließlich zur Bildung der Eisdecken und einem Druckanstieg in der Atmosphäre führte. Er hebt in diesem Zusammenhang hervor, daß Wasserfontänen auf dem Mond, Wasserdampf in der Atmosphäre der Venus, dunkle Flecken in den Saturnringen und vereiste Riffe auf den Uranusmonden das Vorhandensein von Wasser im Weltraum beweisen. Obwohl diese Theorie sich nur auf eine sehr frühe erdgeschichtliche Epoche anwenden läßt, ist sie doch ein interessantes Beispiel dafür, wie oft Legenden und wissenschaftliche Theorien miteinander korrespondieren.

1984 begleitete Dr. Atalay den Präsidenten von *International Expeditions*, Marvin Steffins, zu dem schiffsförmigen Objekt, das sich rund dreißig Kilometer entfernt vom Ararat befindet und seiner Meinung nach „wie eine riesige Pistazie" aussieht, aber auch Ähnlichkeit mit einem Schiff aufweist. Dr. Atalay meint außerdem: „Die Länge stimmt ungefähr mit den dreihundert Ellen der Bibel überein." Die Tatsache, daß sich dieses Gebilde in einer Höhe von 1 500 Metern und nicht von 4 500 Metern befindet, macht die ganze Angelegenheit „schon wesentlich glaubhafter". Die Tatsache, daß sich das Objekt nicht auf dem Ararat, sondern in beträchtlicher Entfernung davon auf einer Hügelkette jenseits eines Tals befindet, läßt ihn vermuten, daß es durch eine große Überschwemmung in dieser Gegend dorthin gelangt sein könnte. Er hält es für möglich, daß nach der Strandung eine Befestigungsanlage um das Schiff herum errichtet worden ist, was die Grabungsarbeiten nach auswertbaren Materialproben heute so schwierig macht. Atalay ist mit der Geschichte der Arche auf dem Ararat einigermaßen vertraut, denn sein Onkel, der Direktor des Archäologischen Museums in Istanbul, hat in den fünfziger Jahren den Ararat bestiegen, um „ein für allemal zu klären, ob dort oben etwas liegt oder nicht". Was die Sintflut selbst betrifft, so bleibt Dr. Atalay dabei: „Die Wasserreserven der Erde reichen heute nicht aus, um den größten Teil der Erdoberfläche zu überfluten, und sie hätten auch vor 5 000 Jahren dazu nicht ausgereicht."

Der schon genannte David Fasold gehört zu den überzeugteren und lautstarken Anhängern der Theorie, wonach das archeähnliche Gebilde, das Dr. Atalay 1984 aufgesucht hat, die Arche Noah ist. Der Autor hat ihn im Jahre 1985 nach der Rückkehr aus dem Ararat-Gebiet interviewt.

Was spricht Ihrer Meinung nach am deutlichsten dafür, daß die schiffsähnliche Formation bei Tendürek tatsächlich die Arche ist?

Zunächst möchte ich einmal festhalten, daß der Name Tendürek falsch ist, ein Fehler, den alle Autoren, die über die Arche schreiben, machen. Die Formation befindet sich in der Akyaylakette, und jeder kann sie dort aufsuchen. Ihre genaue Position ist 39° 26' 4" nördlicher Breite und 44° 15' 3" östlicher Länge, und die Entfernung von Dogubeyazit beträgt 1 130 km in südöstlicher Richtung. Ihr südliches Ende liegt auf 1 926 Metern, ihr nördliches Ende auf 1 935 Metern Seehöhe. Wenn Sie nach einem Beweis verlangen, dann nenne ich Ihnen die Ergebnisse der Radarmessungen, die in Abständen von dreißig bis vierzig Zentimetern Eisen anzeigen, und die neun quergelagerten Schotte. Wenn Sie sich erinnern, heißt es in der babylonischen Beschreibung, daß die Arche in neun Abteile geteilt war.

Wofür halten Sie dann die anderen Schiffe, die man auf dem Ararat gefunden hat?

Wenn Sie von Schiffen auf dem Ararat sprechen, dann meinen Sie in Wirklichkeit eine ganze Ansammlung. Roskowitzki erzählt, daß er ein U-Boot-ähnliches Schiff gesehen hat, mit einem gekrümmten Oberdeck und drei Maststümpfen, auf denen man gerade genug Segel aufziehen konnte, um das Schiff mit dem Wind zu drehen. George Hagopian behauptet, daß die Arche dreihundertdreißig Meter lang und hundertachtzig Meter breit ist. Das Schiff, das Fürst Nouri gesehen haben will, war dreihundert Meter lang. Die Beschreibungen reichen von rechteckigen Kästen bis zu Unterseebooten, die Überlieferung sagt, daß aus einer der Planken ein Weidenbaum gewachsen ist.

Betrifft eine der angeblichen Entdeckungen die verschüttete Arche?

Ja, Reşits Entdeckung aus dem Jahr 1948. Er gab an, auf seinen Feldern die gekrümmten Umrisse eines Schiffes gesehen zu haben. Erosion, tektonische Veränderungen und ein Absinken des Bodenniveaus ließen diese Formation noch deutlicher zutage treten. Denken Sie an Reşits Worte: „Das ist kein Felsen. Ich werde doch noch ein Schiff erkennen." Das wesentlichste an seiner Geschichte ist die Erwähnung, daß die Dorfbewohner, die das Objekt aufsuchten, voller Verwunderung zurückkehrten, weil der Ort in keiner ihrer Überlieferungen genannt war. Mit anderen Worten, sie hatten die Arche auf dem Ararat vermutet. Reşit selbst wurde später deshalb nicht mehr gefunden, weil man ihn in den Dörfern im Umkreis von dreißig Kilometern vom Ararat suchte, während er weiter südlich beheimatet war und vielleicht sogar darauf wartete, daß jemand kam und ihn interviewte. Am 24. Juni 1986 hat David Fasold einen Mann namens Reşit interviewt, den er ganz einfach dadurch ausfindig gemacht hatte, daß er nach Mahşer (dem heutigen Üzengili) fuhr und fragte, ob ein Mann namens Reşit hier lebte. Dem war so, und dieser Reşit fand sich ohne weiteres bereit, über die verschüttete

Arche zu sprechen. Er hieß mit vollem Namen Reşit Sarihan und gab an, eben jener Reşit zu sein, von dessen Arche-Entdeckung im Jahre 1948 die Istanbuler Zeitungen berichtet hatten. Er war damals zwanzig Jahre alt gewesen. Seiner Schilderung nach hatte ein Erdbeben im Mai des Jahres 1948 mitten in dem Feld, das er gepachtet hatte, ein schiffsähnliches Gebilde aus dem Boden auftauchen lassen: „Es ist mitten in meinem Feld aus der Erde gekommen und hat mir das ganze Feld ruiniert! Einige Leute aus dem Dorf deuteten das Auftauchen der Arche als böses Omen, und zwanzig Familien verließen ihre Häuser." Bald darauf wurde der Name des Dorfes von Mahşer, „Tag des Jüngsten Gerichts" auf Üzengili, „Steigbügel", geändert.

Glauben Sie, daß sich das archenförmige Gebilde, das jetzt in der Akyaylakette liegt, früher weiter oben auf dem Ararat befunden hat? Gibt es irgendwelche Hinweise, wo es früher gelegen haben könnte?

Es lag nie auf dem Ararat. Das Schiff landete in einem Hochtal weiter östlich und rutschte später ungefähr dreihundert Meter ab bis dorthin, wo es heute liegt. Die Gleitspur folgte einem Sedimentfluß, und das Schiff rammte schließlich einen großen Felsen, der die Seitenwand eindrückte und es in seine heutige Lage drehte. Das Loch in der backbordseitigen Schiffswand ist noch sichtbar. Der Felsen verhinderte ein weiteres Abgleiten, und das Schiff wurde von Schlamm bedeckt, der den Berg herunterkam. Ich bin sicher, daß der Steven noch heute dreihundert Meter höher auf dem ursprünglichen Landeplatz liegt, wo auch die steinernen Anker noch zu sehen sind.

Glauben Sie, daß acht Leute genügen, ein Schiff dieser Größe zu steuern und darüber hinaus auch noch alle Tiere zu versorgen?

Ich bin sicher, daß mehr als acht Personen an Bord waren. Ein Schiff von solchen Ausmaßen wurde damals wahrscheinlich in einem Zeitraum von einem Jahr unter Mithilfe einer ganzen Gruppe von Leuten erbaut. Man kann wohl annehmen, daß Noah einige der Helfer mit in die Arche genommen hat.

Wenn es sich bei dem Gebilde um die Arche handelt, was wurde dann aus dem Holz?

Die Genesis-Bezeichnung „Gopherholz" beruht sicher auf einem Übersetzungsfehler. Dieser Begriff scheint sonst nirgendwo in der Bibel auf. Es handelt sich hier vielmehr um ein Schiff aus Schilfrohr, verkleidet mit einer pechhaltigen Substanz, etwa einer Mischung aus Asphalt und Bimsstein oder anderen Bindemitteln, auf die dann eine Pechschicht aufgetragen wurde – mit anderen Worten also mehr oder weniger ein Schiff aus Zement. Deshalb sieht es heute auch so aus, als sei das Schiff aus Stein. Nirgendwo außer in dem Archehügel findet sich in der näheren Umgebung Bimsstein. Darüber hinaus läßt sich Mangan nachweisen, zersetzter Feldspat und Kalziumsilikat – alles Bestandteile einer pechhaltigen Masse, die über eine Konstruktion aus Schilfrohr gegossen wurde.

Sinkt denn ein solches Schiff nicht sofort?

Ob ein Schiff aus Zement sinkt? Natürlich nicht! Ebensowenig wie Schiffe aus Eisen. Auch im Ersten Weltkrieg hat man bei uns Schiffe aus Zement konstruiert, die sogenannten „Särge des Kaisers", und im Zweiten Weltkrieg haben wir ganze Flotten solcher Schiffe gebaut.

Wie lassen sich die Maßangaben der Bibel mit den Maßen der Arche in der Akyaylakette vereinbaren?

Es gibt viele verschiedene Ellenmaße. Die in der Bibel genannte Elle ist dieselbe, die man auch beim Bau der Cheopspyramide und für die Säulen des Salomontempels verwendete – sie entspricht einer Länge von 52,5 Zentimetern. Die rund hundertfünfzig Meter Länge, die unser Schiff mißt, ergeben sich durch eine Multiplikation dieser 52,5 Zentimeter mit 300. Wir erhalten dabei den exakten Wert von 157,5 Meter.

Glauben Sie, daß die Formation in der Akyaylakette je als die Arche Noah anerkannt wird?

Ich glaube, daß die Archäologie sich überzeugen läßt, vor allem wenn Radaraufnahmen zeigen, daß sich unter dem Hügel ein großes Rettungsschiff aus der sumerischen Zeit befindet. Schließlich lassen die Umrisse ja ganz deutlich den hochgezogenen Bug und das ebenfalls hochgezogene Heck erkennen, die wir von den mesopotamischen Schiffen und den Papyrusbooten der Ägypter her kennen. Die Fundamentalisten allerdings werden dies meiner Meinung nach nicht akzeptieren, denn wenn ein Schiff *nicht* auf dem Ararat liegt und *nicht* rechteckig ist, dann ist es für sie auch nicht die Arche. Nun geht aber die Bestimmung „rechteckig" ebenfalls auf einen Übersetzungsfehler bei der Übertragung des Textes ins Griechische zurück: Das hebräische Wort für Arche „tabah" wurde mit dem griechischen „kibotos", was soviel heißt wie „Kasten", übersetzt. Außerdem sagt die Bibel nicht, daß die Arche auf dem Ararat selbst gelandet ist, sondern sie spricht vom „Gebirge Ararat" (in Armenien). Deshalb suchen auch einige wenige Leute im Gegensatz zu den meisten, die sich auf den Ararat konzentrieren, die Arche an allen Orten, die nur irgendwie in Betracht kommen könnten.

Egerton Sykes hatte eine geistreiche Erklärung dafür, wie

die Akyayla-Arche mit der Theorie von der Landung auf dem Ararat in Einklang gebracht werden könnte: „So wie ich die Zusammenhänge rekonstruiere, ist die Arche tatsächlich auf dem Ararat oder zumindest in der Nähe des Ararat gelandet, und zwar zu einer Zeit, als halberstarrte Lava die Berghänge bedeckte. In diese Lavamasse ist das Schiff eingesunken und hat die berühmtgewordenen Abdrücke hinterlassen. Es spricht außerdem nichts gegen die Annahme, daß einige Pfo-

Schematische Darstellung der „verschütteten Arche" in den Akyayla-Bergen. Die Schleifspuren auf dem Boden unter dem angeblichen Schiff weisen darauf hin, daß die Arche von ihrem ursprünglich höhergelegenen Landeplatz den Berghang hinuntergerutscht sein könnte. Das Loch an der Seite markiert die Stelle, wo das Schiff einen Felsen gerammt haben und so zum Stillstand gekommen sein muß. Nach Fertigstellung dieser Skizze wurden weitere Entdeckungen gemacht, die den Zeichner vermuten lassen, daß die Arche statt einer Verplankung Schilfmatten aufwies, die mit einer Art Zement beschichtet waren. Zeichnung © *David Fasold, 1985*

sten und Balken jahrtausendelang *in situ* geblieben sind, bis Bauern sie schließlich fortgeschafft und zum Hausbau oder gar als Brennholz verwendet haben."

Aufgrund seiner persönlichen Erfahrungen prophezeite Sykes, daß sich die Russen wahrscheinlich mit einer Untersuchung des angeblichen Arche-Holzes durch ausländische Experten nicht einverstanden erklären würden: „Es ist eher unwahrscheinlich, daß die sowjetischen Behörden ihre Genehmigung erteilen, die angeblich von der Arche stammenden Balkenteile in der Kathedrale von Echmijadzin durch eine unabhängige Kommission prüfen zu lassen. Ein positives Prüfungsergebnis würde nämlich die Existenz der Arche und damit die historische Realität Noahs beweisen, was als Argument gegen die religionskritische Haltung der sowjetischen Regierung angesehen werden könnte."

Da der Ararat immerhin beachtliche siebzehn Kilometer von der Arche-Formation in den Akyaylabergen entfernt ist, kann mit Sicherheit ausgeschlossen werden, daß es sich bei den Funden um ein und dasselbe Schiff handelt. Daher eröffnet sich uns die faszinierende Perspektive, daß *zwei* Schiffe (oder Archen) im selben Gebiet vorhanden sind, eines auf dem Ararat und eines in der Akyaylakette nahe dem Dorf mit dem seltsamen Namen Mahşer, „Tag des Jüngsten Gerichts". Die Entscheidung darüber, welches dieser Schiffe nun die echte Arche ist, wird zusätzlich erschwert durch die Feststellung im Koran, dem Heiligen Buch des Islam, daß die Arche auf dem Berg Al Djoud gelandet ist. Im Koran, der über weite Strecken Übereinstimmung mit dem Alten Testament und mit manchen Passagen des Neuen Testamentes aufweist, steht am Ende der Sintflut-Beschreibung in der 11. Sure *(Hud)* eindeutig: „... und es hieß – o Erde, schlucke deine Wasser, und du, Himmel, halte den Regen zurück. Und sofort verschwand das Wasser, und der Spruch erfüllte sich, und die Arche kam am Berg Djoud zum Stillstand..."

Al Djoud, auf türkisch Cudi-Daĝhi, heißt auf arabisch „der Höchste der Hohen", weshalb viele Leute in der Osttürkei, darunter auch einige Islamforscher, der Meinung sind, daß sich der Name auf den Ararat beziehe. Der Cudi-Daĝhi liegt südlich des Vansees und ist 2 300 Meter hoch. Die dort lebenden Hirten sind fest davon überzeugt, daß die Arche auf einer hochgelegenen Stelle der Cudikette landete, wo sich ihre Überreste noch heute auf dem Gipfel des Cudi-Daĝhi, des höchsten Berges der Kette, befinden. Der deutsche Autor und Bergsteiger F. Berder beschrieb in einem Artikel, der in der Zeitschrift *Kosmos* (Erscheinungsort Stuttgart) erschien, wie er und eine Gruppe von Kurden 1956 den Cudi-Daĝhi bestiegen und „auf dem Gipfel Holzreste entdeckten".

Abgesehen davon befindet sich noch ein Berg mit dem Namen Al Djoud weiter südlich in der Nähe der türkisch-syrischen Grenze. Im Iran hält man allgemein den Demawend für den Landeplatz der Arche und glaubt, daß die Überreste des Schiffes noch heute in der Nähe des Gipfels zu finden sind. Der verstorbene Ivan Sanderson, Autor, Forscher und ehemaliges Mitglied des britischen Geheimdienstes sowie Gründer der „Gesellschaft für die Erforschung unerklärlicher Phänomene", bezieht sich aufgrund eigener Forschungen auf die „vielen verschiedenen ‚Archen', alle im Gebiet der türkischen, russischen, irakischen und iranischen Grenzen".

Unter den Zeitungsartikeln, die sich mit der angeblichen Entdeckung von zwei oder mehreren Archen befassen, findet sich in einem Bericht des Londoner *Daily Telegraph* die Bemerkung „... daß man zwei Archen entdeckt hat ... eine in Nordanatolien, die andere etliche Kilometer davon entfernt nahe der syrischen Grenze...", und der Verfasser fährt in einem Ausbruch unterkühlten britischen Humors fort: „Es ist doch nur recht und billig, daß auch die Arche, wie alles übrige in der Geschichte von Noah, paarweise auftritt."

Aber ebensowenig wie es bloß zwei Archen zu geben

scheint, beschränkt sich die Zahl der Landeplätze, den vielen Überlieferungen der Stämme und Völker zufolge, auf nur zwei Berge. Die möglichen Fundorte liegen überall in der Welt verstreut. Einige Berge lassen sich identifizieren, andere kennt man nur aus den Sagen, oder sie tragen heute andere Namen als im Altertum. Wieder andere sind von Menschenhand entstanden, die Pyramide von Cholula in Mexiko zum Beispiel oder die Cheopspyramide in Ägypten, letztere der Überlieferung nach erbaut, um alles menschliche Wissen zu bewahren, erstere, um als Zufluchtsort vor einer weiteren weltweiten Flut zu dienen.

In Sagen und Legenden über die Sintflut werden mindestens fünfzig Berge genannt und an die hundert verschiedene Personen bzw. Stammesfürsten, die der Überschwemmungskatastrophe entgingen und auf einer gewandelten Erde das Leben neu begannen.

Daß die von einer ungeheuren Flutkatastrophe bedrohte Menschheit dank einzelner Individuen fortbesteht, die auf einem Schiff überleben konnten, ist ein logischer und plausibler Gedanke und der Sintflut-Bericht damit die erste Geschichte der Genesis, die auch ohne theologische Argumentation verstanden werden kann. Die Grundvorstellung derselben wurde von allen Völkern der Erde seit prähistorischer Zeit in schriftlicher Überlieferung, in Form von Bildern und Felszeichnungen weitergegeben. Tief in den Höhlen Europas, Asiens und Nord- und Südamerikas finden sich, eingeritzt in die Felswände, neben den einfacheren Darstellungen von Beutetieren wie Mammuts, Auerochsen, Pferden, aber auch Tieren, die für den primitiven Jäger gefährlich waren, ungewöhnlich häufig Zeichnungen von großen Schiffen, die einer stattlichen Anzahl Menschen Platz bieten konnten. Aber diese Zeichnungen von Schiffen, die manchmal Tiere mit sich führen und immer überfüllt sind mit Menschen, repräsentieren die einzigen Darstellungen von Menschengruppen, wenn man von einigen einfachen Jagdszenen absieht, die wir in prähistorischen Höhlen gefunden haben. Gleichgültig ob in den Höhlen von Sumer, Ägypten, Spanien, der Schweiz, Großbritannien, Skandinavien, Nordwesteuropa oder Kalifornien, weisen nicht nur die Schiffe eine erstaunliche Ähnlichkeit auf, sondern es scheint auch, als trügen einige der dargestellten Menschen dasselbe Symbol, das einer aufgehenden Sonne ähnelt. Wenn diese Schiffe wirklich auf eine Massenflucht vor einer Überschwemmungskatastrophe hinweisen, dann waren diese Seefahrer andere Überlebende als die Noahs des Nahen Ostens, und der Gedanke einer weltweiten Flut wird zu einer faßbaren Tatsache.

Das Objekt, das man so oft auf dem Berg Ararat flüchtig wahrgenommen haben will, könnte durchaus Jahrhunderte überdauert haben, wenn es vorwiegend im Gletschereis eingefroren war. Holz, ein an sich wenig dauerhaftes Material, bleibt unter Eis, gefrorenem Schlamm, Moor, Erde oder Sand erhalten. Schlamm konserviert auch menschliches und tierisches Gewebe. Als Beweis seien die in Alaska und Kanada gefundenen Säbelzahntiger angeführt, aber auch die Mammuts in Sibirien und sogar menschliche Leichen, die jahrtausendelang im Schlamm Dänemarks, Polens und Englands gelegen haben und als die einzigen unter den Milliarden Toten dieser Erde noch unversehrt dieselben Gesichtszüge aufweisen wie zu Lebzeiten. Sand, Erde und Eis haben im Laufe von Jahrhunderten andere große Schiffe freigegeben, deren Gestalt, Verzierungen und manchmal auch Inschriften mit keinem uns bekannten Seefahrervolk in Verbindung gebracht werden können.

Ein solches Schiff wurde gegen Ende des 15. Jahrhunderts in der Nähe von Neapel entdeckt und von Giovanni Pontaro, einem italienischen Historiker, der sich an die Fundstätte begab, ausführlich beschrieben (Vgl. Harold Williams, *Secret Cities of South America*). Ein Erdbeben spaltete den Gipfel eines Berges und förderte inmitten riesiger Felsbrocken, Stein- und Erdlawinen ein uraltes Schiff zutage. Untersuchungen ergaben, daß das Schiff keinerlei Ähnlichkeit mit den Schiffen hatte, die in der Antike das Mittelmeer befuhren. Es war weder römischer noch griechischer noch karthagischer oder phönizischer Bauart und so alt, daß es regelrecht versteinert war.

Der Hinweis auf eine Versteinerung läßt an die verschüttete Arche bei Akyayla südlich von Dogubeyazit denken, deren Bordwände aus Stein, fester Erde oder Zement zu bestehen scheinen. Auch an die Lavaabgüsse von Menschen und Hunden in Pompeji und Herkulaneum wird man erinnert, Abgüsse, die die Opfer des Vesuvausbruchs von 79 n. Chr. unsterblich gemacht haben.

Ebenfalls im 15. Jahrhundert wurde ein solcher Fund in der Schweiz gemacht. Bergleute, die in ungefähr dreißig Metern Tiefe einen Stollen gruben, entdeckten einen großen eisernen Anker und bald darauf die Reste eines „wohlgestalteten" hölzernen Schiffes, das mit Schnitzereien verziert war und im Inneren seines Spantenwerkes noch zahlreiche menschliche Schädel barg. Im Jahre 1540, nicht lange nach der Eroberung Perus, trieben spanische Goldsucher einen Gang in einen Hügel nahe von Callao, um nach Gold und Silberschätzen und Erzminen zu graben, welche die Indianer, wie sie argwöhnten, vor ihnen verborgen hielten, und dabei stießen sie auf eine hölzerne Wand. Weitere Grabungen legten die Reste eines großen hölzernen Schiffes frei, das nicht annähernd den hochseetüchtigen Schiffen glich, wie sie die Inkas vor der Westküste Südamerikas verwendeten.

Ein anderes mysteriöses altes Schiff wurde zur Zeit des Goldrausches in Alaska gefunden und im Juni 1908 im *San Francisco Examiner* ausführlich beschrieben. Der Artikel berichtete, daß „in den Bergen des nördlichen Polarkreises weit im Landinneren der Rumpf eines großen Schiffes gefunden wurde". Der Entdecker war ein Bergarbeiter namens M. J. Brown, der damit frühere Berichte von K. C. Moran und anderen Bergleuten, Eingeborenen und Russen bestätigte. Brown erklärte der Presse, daß das Schiff „riesengroß war" und „offensichtlich schon einige Zeit von den Indianern zum Trocknen der Lachse benützt worden war". Man vermutete, daß es sich bei diesem Bauwerk nicht um ein Schiff, sondern um ein auf dem Wasser treibendes russisches Fort (!) handelte, das viele Kilometer ins Landesinnere geschwemmt worden war. Weitere Untersuchungen ergaben jedoch, daß die Konstruktion ein Schiff von neunzig Metern Länge mit Zutrittsöffnungen, Luken und Korridoren war. Das gefrorene Holz schien sehr alt zu sein und wies ungewöhnliche Verzierungen und Inschriften auf. Die verwendeten Schriftzeichen konnten nach dem Urteil jener, die das Schiff gesehen hatten und mehrere Fremdsprachen beherrschten, weder der russischen, noch der chinesischen oder griechischen und auch sonst keiner bekannten Sprache zugeordnet werden.

Wie viele Schiffe noch unter der Erde oder auf dem Meeresboden liegen, im letzteren Fall wahrscheinlich schon vollends vermodert, läßt sich nicht abschätzen. Die Schiffe, die unter Bodenerhebungen gefunden worden sind, gelangten wahrscheinlich dorthin, als ihre Besatzung vor einer Überschwemmung flüchten wollte, die so ungeheure Wogen erzeugte, daß die Schiffe nicht nur an Land gespült, sondern durch die nachfolgenden Wellen und die gewaltige Strömung regelrecht von Schlammassen verschüttet wurden, die in der Folge zu einer festen Kruste erstarrten. Darunter lagen sie jahrtausendelang begraben, bis sie von Bergleuten gefunden wurden. Diese verwendeten das Holz, unbekümmert um den Wert dieser Funde für die Archäologie, die damals ja erst in den Anfängen steckte, zum Abstützen der Schächte, und zerstörten damit das Beweismaterial.

Die Bewohner des Dorfes Chambéry in den französischen Alpen pflegten den Touristen riesige, fest in Felsgestein eingelassene Eisen- und Messingringe zu zeigen, deren Verwendungszweck unklar war. Den Erklärungen der Dorfbewohner nach handelte es sich bei diesen Ringen um Vertäuungsringe für Schiffe „aus den Zeiten, als die Sintflut noch das Land mit Wasser bedeckte...". Die großen steinernen Anker, die zu antiken Schiffen gehörten, bestanden aus riesigen, rechteckigen, dreieckigen oder tropfenförmigen Steinen mit einem Loch am oberen Rand, durch das eine Kette oder ein Tau gezogen werden konnte.

Bei einer Ararat-Expedition im Jahre 1978 untersuchte Ron Wyatt zwei solche Steine, deren Form und Kreisöffnung am oberen Rand ihn zu der Schlußfolgerung veranlaßten, daß es sich dabei um Anker handeln mußte. Diese Steine liegen auch heute noch auf einer Hochebene im flachen Hügelland rund elf Kilometer südwestlich von Dogubeyazit. Sie sind drei Meter hoch, eineinhalb Meter breit, am unteren Rand sechzig Zentimeter dick und gehörten ursprünglich vielleicht zur Arche unter dem Gletscher, zur verschütteten oder versteinerten Arche bei Mahşer oder sogar zu irgendeinem anderen Schiff. Die beiden Anker, von denen der eine am oberen Rand ausgebrochen ist, scheinen in der Linie zu liegen, die der möglichen Abgleitspur der verschütteten Arche entspricht. Sie sind keine Konglomerate, sondern bestehen aus einheitlichem Gestein. Die Anker zeigen acht kreuzförmige Gravuren, die angeblich für die acht Insassen der Arche Noah stehen und wahrscheinlich nach ihrer Entdeckung Hunderte oder Tausende Jahre später von Armeniern oder anderen christlichen Pilgern in den Stein geschnitten worden sind.

Aber welchen Ursprungs diese Kreuze auch sein mögen, an die Anker selbst knüpft sich eine für unseren Zusammenhang wesentliche Frage: „Wenn die ‚Arche' bei Mahşer nur eine natürliche Gesteinsformation ist und das Schiff auf dem Ararat ein altes Holzbauwerk oder ein Fort, warum liegen dann diese großen Anker auf dem Berg?"

11

Die Arche und die Wirklichkeit

Die natürliche Ursache für die Sintflut wurde von Wissenschaftlern, die an sie glauben, mit vielen verschiedenen geologischen und/oder astronomischen Phänomenen in Zusammenhang gebracht, wovon jedoch bis jetzt nur das Abschmelzen der Gletscher tatsächlich bewiesen werden konnte. Die verschiedenen Hypothesen basieren darauf, daß ein Planet (die Venus) in unser Sonnensystem eingedrungen ist und dadurch chaotische Umwälzungen auf der Erde bewirkt hat; daß die Erde einen kleinen Planeten (den heutigen Mond) eingefangen hat; daß die Erde einen Kometenschweif passierte oder frontal mit einem Kometen kollidierte; daß sie unvermittelt auf einen großen Planetoiden aufprallte, wodurch Inseln im Ozean versanken und dabei riesige Flutwellen auslösten; daß eine Verlagerung der Pole und/oder eine Veränderung der Erdrotation stattgefunden hat, was beträchtliche Änderungen in der Verteilung von Festland und Meeren und im Zusammenhang damit zeitweilig ungeheure Überschwemmungen nach sich gezogen hat.

Soweit die wissenschaftlichen Erklärungen der Geologie, Astronomie und Klimatologie. Viele, wahrscheinlich sogar die meisten Wissenschaftler stehen der Annahme einer weltweiten Überschwemmung, deren Wellen sich bis zu den höchsten Bergen auftürmten, ablehnend gegenüber und neigen eher dazu, einen langsam und gleichmäßig fortschreitenden Prozeß anzunehmen: Die Veränderungen der Fauna und der Landmassen hätten sich allmählich vollzogen. Dieser Theorie zufolge haben, abgesehen von Erdbeben, in den letzten Hunderttausenden, wenn nicht sogar Millionen Jahren keine ausgesprochen gewaltsamen Umwälzungen auf der Erde stattgefunden. Gegen diese schrittweise Veränderung muß hier allerdings eingewendet werden, daß Funde im Verlauf des vergangenen Jahrhunderts die Wissenschaft dazu veranlaßt haben, von dieser behaglichen Theorie eines allmählichen Wandels abzurücken und einen drastischeren Ereignisverlauf zu postulieren – vom relativ plötzlichen Ende der großen Dinosaurier, welche die Erde immerhin fünfzig Millionen Jahre beherrschten, bis hin zum Aussterben vieler Arten von größeren Säugetieren in der relativ jungen erdgeschichtlichen Phase vor 11 000 bis 12 000 Jahren.

Neben den wissenschaftlichen Erklärungen stehen, manchmal daran anknüpfend, religiöse Deutungen, die jahrhundertelange Geltung beanspruchen dürfen und auch heute noch bei einem Großteil der Erdbevölkerung Zustimmung finden. Diese religiösen Überzeugungen gehen ebenfalls von Überschwemmungen und Flutwellen aus, oft begleitet von Erdbeben, Vulkanausbrüchen und dem Absinken beziehungsweise Emporsteigen ausgedehnter Landmassen. Verständlicherweise führen die Sintflut-Legenden der einzelnen Völker die Katastrophe darauf zurück, daß der Mensch das Mißfallen Gottes, des Himmels oder, im babylonischen, sumerischen oder ägyptischen Kulturraum, dasjenige bestimmter Gottheiten erregt hat.

Die jüdische, christliche und islamische Überlieferung besagt, daß die Menschheit für ihre Übeltaten bestraft wurde und nur wenige vorbildliche Individuen wie Noah und seine Familie davon verschont blieben. Alle anderen wurden hinweggeschwemmt, damit die Menschheit neu erstehen konnte. In Wirklichkeit war der Bau der Arche eine Warnung Gottes an die Menschheit, aber die Menschen achteten nicht darauf.

Weshalb traf die Menschen Gottes Zorn? Das Alte Testament enthält nur ganz allgemeine Hinweise. Gen. 6, 5: „Da aber der Herr sah, daß der Menschen Bosheit groß war auf Erden und alles Dichten und Trachten ihres Herzens nur böse war immerdar, ..." und Gen. 6, 11: „Aber die Erde war verderbt vor Gottes Augen und voll Frevels."

Die im Neuen Testament enthaltenen Hinweise auf eine Bestrafung der Menschen beziehen sich auf das sündige Leben in Sodom und Gomorrha: 2. Ptr. 2, 5 und 6: „Und hat nicht verschont die vorige Welt, sondern bewahrte Noah, den Prediger der Gerechtigkeit, selbacht und führte die Sintflut über die Welt der Gottlosen. Und hat die Städte Sodom und Gomorrha zu Asche gemacht, umgekehrt und verdammt, damit ein Beispiel gesetzt werde den Gottlosen, die hernach kommen würden.

Auch der Koran erwähnt, daß es Noah gestattet war, die Bewohner von Ad vor der Sintflut zu warnen. (Interessanterweise ist Ad oder At in der Überlieferung vieler alter Kulturen die erste Silbe von „Atlantis".) In der 7. Sure des Koran steht geschrieben: „Die Anführer seines Volkes sagten: ‚Wir sehen, daß du verwirrt bist'". Und dann heißt es wieder: „Ja, wir sehen, daß du ein Dummkopf bist und halten dich für einen Lügner." Worauf Noah antwortete: „Ich bin kein Dummkopf, sondern ein Apostel des Herrn und Hüter der Welten. Ich erfülle Euch gegenüber die Pflichten, die der Herr mir geboten hat." Damit wird ausgedrückt, daß Gott den Bewohnern von Ad die Gelegenheit geben wollte, ihren Lebenswandel zu ändern und gerettet zu werden.

Die 7. Sure schildert auch das Ende: „Noahs Warnung wurde von seinen Leuten in den Wind geschlagen, und so wurden sie von der Sintflut vernichtet. Dem Hud (einem anderen Propheten) widersetzte sich sein eigenes Volk (die) Ad", aber alle wurden von einem fürchterlichen Sturm fortgefegt. Ihre Nachfolger, die Thamud, waren aufgebläht vor Hochmut und Ungerechtigkeit, aber siehe: „Ein Erdbeben begrub sie in ihren Sünden ... und von einem Regen aus Feuer und Schwefel wurden die Städte der Ebene vernichtet, um ihrer beispiellosen Laster willen, vor denen Lot sie gewarnt hatte."

Auch im Neuen Testament finden sich zugleich und offenbar in Zusammenhang mit Noah und der Sintflut Bezugnahmen auf Lot und die zerstörten Städte (2. Ptr. 2, 5 und Lk. 17,26–29). Es stellt sich die Frage, ob Sodom und Gomorrha durch Erdbeben während der Sintflut zerstört wurden.

Die vielen in der Welt verbreiteten Legenden nennen eine ganze Reihe verschiedener Gründe für den Zorn des Himmels. Einen der ungewöhnlichsten gibt wohl die babylonische Erzähltradition an, wonach die Menschen von einigen Göttern bestraft wurden, weil sie durch ihren Lärm die Ruhe des Himmels störten – die vielleicht früheste Erwähnung eines Falles von Lärmbelästigung. Die amerikanischen Indianer führen den Zorn der Götter auf die Tötung geheiligter Tiere oder die Verletzung anderer Tabus zurück. Eine solche Schuld, die ein einzelner oder ein ganzer Stamm auf sich geladen hat, gilt von der Arktis bis hinunter zur südlichsten Spitze Südamerikas und auch auf den Pazifikinseln als Ursache für eine Strafe, die in Form von Überschwemmungen, Erdbeben und Bränden über die Menschen hereinbrach. Demgegenüber ist anderen Kommentaren des Altertums zu entnehmen, daß große Katastrophen in Zyklen wiederkehren, unabhängig von den guten oder bösen Taten des Menschen. Der griechische Philosoph Heraklit kam durch das Studium alter Schriftstücke und Sagen zu dem Schluß, daß weltweite Katastrophen alle zehn- bis elftausend Jahre eintreten. Da die letzte Eiszeit vor elftausend Jahren zu Ende ging, dürfte nach Heraklits Theorie die nächste große Katastrophe nicht mehr lange auf sich warten lassen.

Schließlich tauchen in den mündlich oder schriftlich tradierten Sagen alter Kulturen wie der ägyptischen, griechischen, indischen oder amerikanisch-indianischen Kultur neben den Katastrophen, die durch Einwirkung himmlischer Mächte oder Naturgewalten zur fast vollständigen Ausrottung des Lebens während der Zeit der Sintflut führten, auch solche auf, die der Mensch selbst durch ein außer Kontrolle geratenes Vernichtungspotential bewirkte. Eine Katastrophe dieser Art erwähnen Platon, aber auch andere Autoren in Zusammenhang mit dem Untergang von Atlantis, einst das Zentrum eines mächtigen Reiches im Atlantik, das in einem furchtbaren Krieg vollkommen vernichtet wurde. Die Vorstellung eines unbegrenzten Krieges, der das Ende einer bestehenden Welt herbeiführt, ist uns auch in den Legenden der Hopi überliefert, eines Indianerstammes, der heute nur noch Reste seiner einstigen Größe besitzt. Dieser Krieg hat vor so langer Zeit stattgefunden, daß wir davon nur noch durch mündliche, von Generation zu Generation weitergegebene Erzählungen wissen.

Diese Erzählungen (Vgl. *Frank Waters, Das Buch der Hopi*) berichten von großen Städten und Zivilisationen auf der Erde, die vernichtet wurden, denn „als die Menschen alles hatten, was sie wollten, wollten sie immer noch mehr und zettelten Kriege an ...", die in der Vernichtung der großen Städte durch *patuwvotas* (Superbomber) ihren Höhepunkt erreichten und erst endeten, als Land und Meer ihre Lage verändert hatten und „alle die stolzen Städte, die fliegenden patuwvotas und die weltlichen Reichtümer, die vom Bösen verseucht waren ..." auf den Grund des Ozeans sanken.

Die erschreckendsten Berichte über diese Kriege finden sich allerdings in den großen klassischen Epen der Hindus, vor allem im Mahabharata. Sie beschreiben Ereignisse, die sich Tausende Jahre vor der Aufzeichnung des Mahabharata ereignet haben, und man bedenke, wie weit diese Aufzeichnung schon zurückliegt. Als man in den dreißiger Jahren des 19. Jahrhunderts das Mahabharata in europäische Sprachen zu übertragen begann, deutete man die Darstellung als fantastische Schilderung von Kriegen zwischen den Göttern. Die Leser konnten damals nichts damit anfangen. Heute aber, nach zwei Weltkriegen und den Folgeereignissen, sind diese Erzählungen nur allzu leicht verständlich.

Teile des *Mahabharata*, so das *Mausala Parva* und das *Drona Parva*, beschreiben eine Bombe („Der Eiserne Donnerschlag des Todes"), die mit „einer Helligkeit von zehntausend Sonnen explodierte" und viele Tausend Feinde mit einem Schlag vernichten konnte. Bei der Explosion entstanden wogende Todeswolken, die in den Himmel stiegen, um sich dort „wie riesige Schirme" zu öffnen, und in einem Sog wurden Soldaten, Wagen, Pferde und Elefanten ins Zentrum der Todeswolke gezogen, wo sie zu unkenntlichen Bündeln verbrannten. Die Überlebenden trugen grauenhafte Verbrennungen davon; sie verloren Teile der Haut, Haare und Fingernägel fielen ab, und dann starben auch sie. Selbst eine Verseuchung der Nahrungsmittel wird erwähnt und die Notwendigkeit, sich und alle Gebrauchsgegenstände in fließendem Wasser zu waschen. Eine letzte Übereinstimmung findet sich noch in den Ausmaßen eines „Eisernen Donnerschlags", der mit drei Ellen und sechs Fuß genau den Maßen der zweiten Atombombe entspricht, die über Nagasaki abgewofen wurde. Seit 1945 wissen wir alle, daß unsere Bomben sehr real und vernichtend sind. Aber waren die verheerenden Bomben Indiens, die so genau geschildert sind, wirklich nur Fantasiegespinste von Dichtern?

Als Antwort auf diese Frage könnte man anführen, daß bei Ausgrabungen in den freigelegten Straßen von Mohendschodaro in Pakistan zahlreiche Skelette gefunden wurden, welche die höchste radioaktive Verseuchung aufweisen, die man je an menschlichen oder tierischen Überresten festgestellt hat.

Im Alten Testament bei Sach. 14, 12 werden auf beklemmende Weise die Todesarten in einem zukünftigen Krieg beschrieben. Diese Schilderung weist große Ähnlichkeiten mit derjenigen des *Mahabharata* auf: „... ihr Fleisch wird verwesen, dieweil sie noch auf ihren Füßen stehen, und ihre Augen werden in den Löchern verwesen..."

Eine weitere Prophezeiung (oder rückblickende Darstellung?) dessen, was wir heute als Atomkrieg bezeichnen würden, findet sich im apokryphen Buch Esdras: „... große und mächtige Wolken ... werden aufsteigen und die Erde und ihre Bewohner vernichten ... und keiner wird bleiben, der sie bebauen kann..."

Die überzeugenden Belegstellen aus dem *Mahabharata*, die wir heute als scharfsichtige Schilderungen eines Atomkrieges interpretieren können, werfen die Frage auf, ob die Atomkraft schon von einer Zivilisation vor Beginn unserer Geschichtsschreibung entdeckt und genutzt worden ist. Da jedoch unsere moderne Zivilisation eines Zeitraumes von sechstausend Jahren bedurfte, um die Kernenergie zu entdecken, und die ersten Anfänge menschlicher Zivilisation durch neue archäologische Funde immer weiter in die Vergangenheit zurückverlegt werden, kann durchaus angenommen werden, daß der Menschheit eine zehn- bis fünfzehnmal so lange Zeitspanne hinreichend Gelegenheit zur Entwicklung mehrerer Zivilisationen gab, die entweder zerstört wurden oder sich selbst durch Atomkriege oder andere vom Menschen ausgelöste Katastrophen zerstörten.

Die ständige Drohung einer plötzlichen, wenn überhaupt, dann erst Minuten vorher angekündigten Katastrophe hat dazu geführt, daß die Menschen auf der ganzen Welt diesen „Ernstfall" erwarten, der durch die rasche Aufstockung atomarer Sprengköpfe und die wachsende Zahl aggressiver Kleinstaaten, die bereits ihre eigenen Bomben entwickeln, an Schrecken noch zunimmt.

Aus der Geschichte sollten wir wissen, daß alle je erzeugten Waffen auch eingesetzt wurden, und das mehr als einmal. Ein

Atomkrieg, ob nun auf der Erde, im Weltraum oder vom Weltraum aus geführt, würde möglicherweise das Ende der Welt bedeuten – zumindest für die Menschen. Dieses Ende kann plötzlich eintreten, wenn so viele atomare Sprengköpfe gleichzeitig explodieren, daß die freiwerdende Energie ausreicht, die Lage der Erdachse zu verändern, die Gletscher zu schmelzen, die Atmosphäre mit giftigen Gasen zu verseuchen oder ein Loch in die schützende Ozonschicht des Planeten zu reißen. Ein langsameres und vielleicht noch qualvolleres Ende wäre von einem „atomaren Winter" zu erwarten, dem Sterben von Tieren und Pflanzen, entweder als Folge von veränderten Wetter- oder Temperaturverhältnissen oder durch die Strahlung, was letztlich dazu führen würde, daß die Menschen wie die Dinosaurier von der Erde verschwinden.

Das Bewußtsein dessen, was uns bevorstehen könnte, hat ein allgemeines Interesse an gegenwärtigen und vergangenen Prophezeiungen geweckt. Ein solches Interesse ist sogar bei wissenschaftlich hochgebildeten Leuten festzustellen, ein Anachronismus, der, wie man meinen möchte, im Grunde als mittelalterlicher Aberglaube abgetan werden müßte. Doch wenn wir uns mit Prophezeiungen befassen, so befassen wir uns mit der Zeit, die genauso geheimnisvoll ist wie der Raum und genauso unfaßbar, da die Zeit wie der Raum keine Grenze kennen.

Denn auch wenn die Zeit auf Mikrosekunden genau gemessen werden kann, bliebe immerhin noch die Frage offen, in welche Richtung sie sich bewegt – nicht nur vorwärts, wie es uns erscheint, sondern (nach Ansicht mancher Astronomen) in einem Bogen oder einem Kreis oder sogar rückwärts. Der jüngste Forschungsstand bietet uns zwar eine Fülle an Informationen über Zeit und Raum, läßt uns aber andererseits in einem begrifflichen Vakuum, innerhalb dessen die Prophezeiungen und Weissagungen einer Epoche, die wir als „dunkles Zeitalter" bezeichnen, wieder eine mögliche Gültigkeit erhalten, eine Gültigkeit, die sie eigentlich nie verloren haben.

Eine Reihe von Propheten haben in eindringlicher Weise vorausgesagt, daß die Welt noch zu unseren Lebzeiten untergehen wird. Viele von ihnen lebten in ferner Vergangenheit und wußten nichts von unserer Zeitrechnung, die mit Christi Geburt beginnt. Diese alten Prophezeiungen bezogen sich vielmehr auf den Verlauf anderer Ereignisse, die, ungeachtet der verschiedenen Kulturen und Kalender, übertragen auf unsere Zeitrechnung das Ende der uns vertrauten Welt einhellig um das Jahr 2000 n. Chr. erwarten lassen. Noch vor dem Jahr 1945 war der Gedanke viel unwahrscheinlicher, daß die Menschheit in ihrer Gesamtheit vernichtet werden könnte, vor allem in so naher Zukunft. Aber heute, mit 50 000 abschußbereiten Sprengköpfen im Waffenarsenal der Streitmächte und weiteren in Produktion, erscheint das plötzliche Ende der Menschheit nicht mehr so unvorstellbar.

Natürlich wußten die Propheten der Vergangenheit, die das Weltende in einer letzten ungeheuren Katastrophe für die ferne Zukunft voraussagten, nicht, daß sich ihre Warnungen deckten mit anderen Weissagungen aus allen Teilen der Welt, vor allem aus Gebieten, wo religiöse Überlieferung und Glauben besonders fest verwurzelt waren – dem Nahen Osten, Südasien, Nordafrika, dem frühen Amerika und dem mittelalterlichen Europa. Bemerkenswert ist, daß der Zeitpunkt des Weltunterganges oder Jüngsten Gerichts, wenn man die einzelnen Angaben in unsere Zeitrechnung überträgt, in allen Kulturen weitgehend übereinstimmt. Zusätzlich sollte man auch verschiedene Prophezeiungen der letzten fünfhundert Jahre berücksichtigen, die sich ebenso wie viele andere Weissagungen rückblickend als zutreffend erwiesen haben.

In dunkler Vorzeit war in Indien ein Kalendersystem eingeführt worden, das noch heute die bevorzugte Grundlage für astronomische und religiöse Berechnungen der Hindus darstellt. Die gegenwärtige Epoche trägt die Bezeichnung *Kali Yuga* (das Zeitalter der Kali, die unter anderem auch die Göttin des Todes verkörpert) und wird, wie auch die heutige Welt, zu Beginn des einundzwanzigsten Jahrhunderts zu Ende gehen – also im Jahr 2000 n. Chr.

Nach dem Alten Testament vor allem nach Da. 11, 12; Hes. 36, 37, 38; Jo. 2, 3 und Jes. 23, 24 sowie nach verschiedenen Hinweisen im Lukas- und Matthäusevangelium kommt der Tag des Jüngsten Gerichtes nach der Rückkehr der Juden nach Israel und einem Endkrieg, in dem der Herr „alle Völker, die gegen Jerusalem zu Felde ziehen" sammelt. Zu dieser Zeit wird es „Wunder im Himmel und auf der Erde, Blut, Feuer und Rauchsäulen" geben und „viele, die im Staub der Erde ruhen, werden erwachen, einige zu ewigem Leben und andere zu Schande und Verachtung".

Hal Lindsey (*Alter Planet Erde wohin?*) hat im Alten Testament und in der Geheimen Offenbarung prophetische Andeutungen gefunden, die einen zukünftigen Schlachtplan beinhalten und die Feinde Israels genau nach der Richtung bestimmen, aus der ihr Angriff kommt, während weder Nationalität noch politische Gruppierung angegeben ist, da die modernen Bezeichnungen zwar heute allgemein bekannt sind, im Altertum aber noch nicht existierten.

Von besonderer Bedeutung ist eine Prophezeiung, die von Christus selbst stammt und im Lukas- und Matthäus-Evangelium angeführt ist: „Ein Volk wird sich erheben wider das andere, und ein Reich wider das andere... Wenn ihr aber sehen werdet Jerusalem belagert mit einem Heer, so merket, daß herbeigekommen ist seine Verwüstung... Und es werden Zeichen geschehen an Sonne und Mond und Sternen, und auf Erden wird den Leuten bange sein, und sie werden zagen; und das Meer und die Wasserwogen werden brausen... Wenn aber dieses anfängt zu geschehen, so sehet auf und erhebet eure Häupter, darum daß sich eure Erlösung naht."

Unter den Buddhisten gibt es eine Überlieferung, wonach die Welt zweitausendfünfhundert Jahre nach der Geburt Gautama Buddhas zugrunde gehen wird. Da Buddha angeblich 500 v. Chr. geboren wurde, müßte der Weltuntergang auf das Jahr 2 000 n. Chr. fallen. Eine lange Tradition der tibetanischen Buddhisten prophezeit das Ende der Welt wenige Jahre nach dem Tag, an dem der Dalai Lama Tibet verläßt. Der Dalai Lama mußte Tibet im Jahre 1951 auf der Flucht vor der rotchinesischen Armee verlassen. Eine andere Weissagung, die unter den Buddhisten des zentralasiatischen Hochlandes überliefert wird und angeblich auf den legendären König der Welt in der unterirdischen Stadt Arghati zurückgeht, sieht den Weltuntergang kurz nach dem Ausbruch des Dritten Weltkrieges kommen. Hunderte von Jahren, bevor die uns bekannten Einzelheiten über die beiden Weltkriege auch nur vorstellbar waren, wurden sie in der Arghati-Prophezeiung bereits ausgemalt.

Die islamische Überlieferung nennt keinen genauen Zeitpunkt für das Ende der Welt, sondern gibt nur an, daß es sich mit dem Tag nahen wird, an dem der erste Mensch den Mond betreten hat. (Einige islamische Kommentatoren vertreten allerdings die Meinung, daß die Astronauten den echten Mond noch nicht betreten haben, sondern auf einem falschen gelandet sind, eine Theorie, die unabhängig davon vor einigen Jahren auch in einem populären amerikanischen Film veranschaulicht wurde.)

Der Schiismus, der sich auf Mohammeds Neffen als seinen Begründer beruft und dessen Anhängerschaft im Iran und in Pakistan den Großteil der islamischen Bevölkerung ausmacht, erwartet eine grundlegende Veränderung der Welt und den Tag des Jüngsten Gerichts beim Auftreten des zwölften Imam, der vielleicht schon geboren ist und sich bald offenbaren wird.

Die Azteken und verbündete Indianervölker weissagten,

daß der Weltuntergang am Ende des vierten „Welt-" oder Zeitkreises, „Welt des Feuers" genannt, bevorstehe, was nach unserer Zeitrechnung in den nächsten Jahren der Fall wäre. Die Hopi in Arizona glauben, daß eine seltsame blaue Blume in der Wüste erblühen wird, welche die Ankunft eines verhängnisvollen schwarzen Planeten ankündigt, der bereits, wenn auch noch unsichtbar, auf die Erde zustürzt. (Die Blume hat man schon gefunden.)

Eine ungewöhnliche Prophezeiung aus dem Mittelalter besagt, daß das Ende der Welt mit dem Tod des letzten Papstes kommen wird. Dieser Prophezeiung war einer Aufzählung der künftigen Päpste beigefügt, die auf den heiligen Malachias, Erzbischof des irischen Armagh im zwölften Jahrhundert, zurückgeht. Die Aufzählung enthält auch Angaben über Herkunft, charakteristische Eigenschaften und Regierungszeiten aller Päpste bis hin zum letzten, unter dessen Amtszeit Rom zerstört und das Jüngste Gericht kommen wird. Der letzte Papst wird Petrus heißen und nach der Prophezeiung des Malachias der Nachfolger des gegenwärtigen Papstes sein.

Nostradamaus, französischer Gelehrter des 16. Jahrhunderts und berühmtester Prophet des Mittelalters, besaß die unheimliche Gabe, Ereignisse vorauszusagen, die sich, weit über den Zeitraum seines eigenen Lebens hinaus, viele Jahrhunderte später zutragen sollten. So weissagte er Beginn und Ende des Britischen Weltreichs (noch bevor überhaupt der Grundstein dazu gelegt worden war), die Französische Revolution und die Hinrichtung des Königspaares, die beiden Weltkriege und deren Ausgang, die Entwicklung von Flugzeugen und die Bombardements von Städten, die Laufbahn Napoleons und Hitlers, und sogar Khomeini und Gaddafi tauchen in seinen Schriften in verschiedenen Anspielungen auf deren Taten und Herkunft auf. Seine Prophezeiungen verschlüsselte er in Vierzeilern, die im allgemeinen nicht schwer verständlich sind, aber selten exakte Daten angeben. Wo er allerdings auf eine weltweite Katastrophe zu sprechen kommt, verzichtet er auf die augenscheinliche Verschlüsselung und spricht klar und deutlich aus, daß diese letzte große Katastrophe im siebenten Monat des Jahres 1999 eintreten wird.

Der Amerikaner Edgar Cayce machte seine Prophezeiungen, indem er in einem Zustand des Dämmerschlafes auf Fragen Antwort gab, und es ist erstaunlich, mit welcher Exaktheit er Geschehnisse voraussagte, die sich Jahre später ereigneten. In seinen Voraussagen schildert er ziemlich ausführlich zukünftige Ereignisse wie den Tod zweier Präsidenten kurz nach ihrer Wahl, einer davon wird Opfer eines Anschlages, die Ermordung eines Präsidentschaftskandidaten, Bürgerkriege und Erdbeben, die Entwicklung von Laser und Maser, die Cayce völlig unbekannt waren und die er deshalb einfach als Ausnützung der Strahlungsenergie von Kristallen beschrieb, was sie im Prinzip auch sind. Auch was Cayce für die Zeit nach seinem Tode im Jahr 1945 voraussagte, scheint zuzutreffen, allerdings reichen seine Prophezeiungen nur bis zum Jahr 2001 und nicht weiter.

Als genügte die ständige atomare Bedrohung noch nicht, sieht sich der Mensch unserer Zeit mit weiteren Gefahren konfrontiert, die im wesentlichen von der hemmungslosen industriellen Ausbeutung der Ressourcen unserer Erde herrühren. Dies ist besonders offenkundig geworden, seit sich die rasch anwachsende Erdbevölkerung in den letzten fünfzig Jahren verdreifacht hat und damit in ein Stadium getreten ist, in dem nicht einmal eine effizientere Güterverteilung ausreichend Nahrung für alle garantieren könnte.

Die Meere werden durch Chemikalien, Erdöl, Industrie- und Haushaltsabfälle vergiftet. Auf dem Festland bieten sich immer weniger Möglichkeiten, unterirdische Mülldeponien anzulegen, vor allem in den Industriestaaten, die den meisten Abfall „produzieren", und auch wenn dieser Abfall einmal gelagert ist, werden Giftstoffe frei und gefährden die Bevölkerung der Umgebung. Ein noch größeres Problem ist jedoch die Beseitigung des atomaren Mülls, den man kaum ins Meer schütten oder vergraben kann, und die Alternative einer Endlagerung im Weltraum birgt vielleicht neue, bislang unbekannte Gefahren.

Die fortschreitende Zerstörung der tropischen Regenwälder durch Rodung (man schätzt pro Minute fünfeinhalb Hektar) führt dazu, daß immer weniger lebensnotwendiger Sauerstoff (und Regen) gebildet wird, während in Europa und Nordamerika saurer Niederschlag die Wälder vernichtet. Der Treibhauseffekt, die Anreicherung der Atmosphäre mit Auto- und Industrieabgasen, verursacht unter Umständen ein Schmelzen des Polareises, was ein Ansteigen des Wasserspiegels und damit eine neuerliche Sintflut zur Folge haben könnte.

Ein erstes Anzeichen, daß selbst die friedliche Nutzung der Kernenergie zu einer Gefahr für die Menschheit werden könnte, war der Zwischenfall im sowjetischen Plutoniumkraftwerk bei Kischtim im Winter 1957/58. Der Plutonium-Fallout aus unsachgemäß gelagertem Atommüll entzündete sich und forderte Hunderte – vielleicht sogar Tausende – Opfer. Die Bewohner der verseuchten Region wurden evakuiert, und mehr als dreißig Städte verschwanden von den sowjetischen Landkarten. Das betroffene Gebiet wurde solange zur Sperrzone erklärt, bis Häftlinge, von denen später viele an der Strahlenkrankheit starben, den kontaminierten Boden vollständig mit Erde und Sand zugeschüttet hatten. Weitaus mehr öffentliche Aufmerksamkeit erregte der Zwischenfall von Three Mile Island im Jahr 1979, und schließlich der GAU von Tschernobyl im April 1986, in dessen Verlauf sich radioaktive Wolken, von denen eine Langzeitgefährdung zu befürchten war, bis Mittel- und Südeuropa ausbreiteten. Die Katastrophe von Tschernobyl illustriert, daß das Durchschmelzen eines

Reaktorkerns und die darauffolgende Verseuchung von Luft, Wasser, Boden, Menschen, Tieren und Nahrungsmitteln Gefahren birgt, die denen eines Atomkrieges durchaus vergleichbar sind.

Immer häufiger erreichen uns Meldungen über Betriebsunfälle, die mitunter schon den plötzlich auftretenden Seuchen des Mittelalters gleichen wie etwa die Giftgaskatastrophe im indischen Bhopal, bei der Tausende Menschen, während sie schliefen, aßen, sich ausruhten oder flüchteten, getötet wurden. Eine andere Katastrophe, verursacht durch eine Konzentration giftiger Chemikalien, ereignete sich am Love Canal im Staat New York; infolge ungenügender Entsorgung von giftigen Chemikalien traten schwere Störungen bei Neugeborenen auf, und selbst bei den überlebenden Kindern wurden genetische Schäden festgestellt, so daß, wie bei Strahlenschäden, ein Gesundheitsrisiko für die kommenden Generationen besteht. Bewohner des Dorfes Minamata in Japan trugen schwere Schädigungen des Nervensystems davon, nachdem sie Fische gegessen hatten, die durch Quecksilber aus einer benachbarten Fabrik verseucht waren.

Die Ausrottung verschiedener Tierarten durch den Menschen hat zu einer Unterbrechung der tierischen Nahrungskette geführt. Als Folge der immer effizienteren industriellen Fischereitechniken werden große Teile der Meere und Ozeane immer schneller ausgebeutet. In vielen Teilen der Welt, so zum Beispiel in der afrikanischen Sahelzone, treten Hungersnöte auf, die nur durch permanente Unterstützungsmaßnahmen aus dem Ausland gemildert werden können. Dieselbe Situation, ausgelöst durch Bodenerosion und die Ausrottung der Tierbestände, finden wir heute in vielen Teilen der Dritten Welt vor, und dies bedeutet im Rahmen der modernen internationalen Zusammenarbeit ein fast unlösbares Problem. Da die Bevölkerung der Dritten Welt hungert, wird verstärkt Jagd gemacht auf die noch lebenden Wildtierarten, deren Bestand in den letzten fünfzig Jahren um neunzig Prozent zurückgegangen ist.

Aber obwohl Überbevölkerung und Überindustrialisierung eine alarmierende Entwicklung darstellen, bleibt die Gefahr eines Atomkrieges unsere vordringlichste Sorge. Diejenigen unter uns, die noch vor 1945 herangewachsen sind, sehen die Welt mit anderen Augen als die Generationen nach 1945. Sicher konnte auch das Leben vor 1945 bedrohlich sein, aber man war nicht vollkommen ohnmächtig, man hatte nicht den plötzlichen und endgültigen Weltuntergang zu fürchten, wie ihn ein Atomkrieg mit geschätzten ein bis zwei Milliarden unmittelbaren Todesopfern und der tödlichen Verseuchung fast aller Überlebenden zur Folge haben würde.

Die vielleicht eindeutigste Prophezeiung aber ergeht von der Arche auf dem Ararat an uns, versinnbildlicht sie doch nichts anderes als eine Warnung. Die Geschichte der Arche ist gemeinsames Glaubensgut der drei „Buchreligionen", des Judentums, des Christentums und des Islam, aber das frühe Christentum erst erfüllte sie mit einem wichtigen religiösen Symbolgehalt. Im heidnischen Rom, als das offizielle Verdikt vielen Christen den Tod in der Arena oder die Folterung in den kaiserlichen Gefängnissen brachte, dienten primitive Fisch- oder Bootsdarstellungen in den Katakomben und anderswo den Verfolgten als Erkennungszeichen, noch bevor das Symbol des Kreuzes aufkam. Während im Zeichen des Fisches die griechischen Initialen von Jesus Christus, Sohn Gottes, Erlöser, verschlüsselt waren, stellte das Schiffsymbol das göttliche Gericht und die Hoffnung auf Erlösung dar.

Die Geschichte von der Arche ist zwar im Alten Testament enthalten, aber auf ihre Bedeutung als Gegenstand des Glaubens weist auch das Neue Testament mehrfach hin, so zum Beispiel bei Mt. 2, 4; 1. Ptr. 3 und 2. Ptr. 2; bei Röm. 1 und Hbr. 2. Bestimmte Stellen im Lukas- und Matthäusevangelium wurden von einigen Forschern dahingehend interpretiert, daß die Entdeckung der Arche die Rückkehr des Menschensohnes und den Tag des Jüngsten Gerichts ankündigt. Eine solche Deutung legt vor allem Luk. 17, 26, 27, nahe: „Und wie es geschah in den Tagen Noahs, so wird's auch geschehen in den Tagen des Menschensohnes. Sie aßen, sie tranken, sie freiten, sie ließen sich freien bis auf den Tag, da Noah in die Arche ging und die Sintflut kam und brachte sie alle um."

Während das dritte Jahrtausend immer näher rückt, häuft sich die Zahl derer, die daran zweifeln, daß wir es noch erleben werden. Diese Ansicht drängt sich einem geradezu auf angesichts der Tatsache, daß der Mensch offenbar nicht fähig oder nicht willens ist, die Zerstörungsprozesse, die er selbst ausgelöst hat, aufzuhalten: den Atomkrieg, der Sieger, Verlierer und Neutrale gleichermaßen trifft; die totale Ausbeutung der Ressourcen, die Verschmutzung und Verseuchung von Land, Meer und Luft. Man fühlt sich erinnert an die Worte der Bibel in Gen. 6, 5: „Da aber der Herr sah, daß der Menschen Bosheit groß war auf Erden und alles Dichten und Trachten ihres Herzens nur böse war immerdar…"

Noah wurde gewarnt, und sein Verhalten hätte den anderen als Warnung dienen können, doch sie achteten nicht darauf. Aber diesmal hat sich der Mensch selbst gewarnt durch die verschiedenen Atom- und Chemieunfälle, die immer öfter auftreten. Das biblische Versprechen des Regenbogens ist noch nicht gebrochen worden: diesmal hat der Mensch anscheinend aus eigenem Antrieb den Weg der Selbstvernichtung eingeschlagen.

Die Ararat-Arche gemahnt an das mögliche Schicksal der Menschheit, aber heute ist sie nicht mehr unser Rettungsschiff. Retten könnte uns vielmehr eine andere Arche. Wenn wir sie finden, müssen wir sie nur wieder instandsetzen für eine lange Reise. Diese Arche gehört nicht der Legende an, sondern liegt an einer so augenfälligen Stelle, daß sie noch niemand entdeckt hat. Wasser und Nahrung sind schon verladen, sie ist noch nicht verseucht und kann weit mehr Leute aufnehmen als Noahs Arche oder die anderen Rettungsschiffe. Diese Arche kann Stürmen standhalten, deren Gewalt sich leicht mit den Stürmen der Sintflut messen kann. Es wird auch keine Taube ausfliegen müssen, um das Sinken der Wasser zu melden, denn die Katastrophe, die diese neue Arche überstehen muß, gleicht nicht der Sintflut Noahs. Und auch die Arche gleicht nicht Noahs Arche: Sie kann zwar als Schiff angesehen werden, aber sie schwimmt in einem unendlichen Ozean.

Denn diesmal ist unsere Erde selbst die Arche.

Danksagung

Der Autor möchte den angeführten Personen seinen Dank dafür aussprechen, daß sie mit ihren Informationen, Fotografien, Karten, Zeichnungen und Expeditionsberichten am Zustandekommen dieses Buches mitgewirkt haben. Es soll hier ausdrücklich vermerkt werden, daß die genannten Personen die Theorien des Autors, wie sie in diesem Buch enthalten sind, nicht notwendig teilen müssen.

Achmed Ali Arslan, Dr. phil. der Atatürk-Universität, Künstler, Fotograf, Schriftsteller, Bergsteiger, Zeitungs- und Rundfunkjournalist
Valerie Seary Berlitz, Autorin, Journalistin, Künstlerin, Fotografin, Forscherin
Lin Berlitz, Forscherin
Jay Bitzer, Fotograf (Probe Ministries), Bergsteiger
Ben Bothrop, Oberstleutnant a.D. (USAF)
Patricia Campbell-Horton, Schriftstellerin, Historikerin
Gloria Cashin, Mathematikerin, Geologin
Bill Crouse, Schriftsteller, Journalist (Probe Ministries), Bergsteiger, Leiter einer Ararat-Expedition
Eryl Cummings, Bergsteiger, Leiter mehrerer Ararat-Expeditionen
Violet Cummings, Schriftstellerin
Scheich M. S. Dien, Professor für Islamisches Recht an der Al Ahzar Universität/Kairo (durch freundliche Vermittlung von Dorothy Ashford, Geschichts- und Religionsforscherin)
David Fasold, Kapitän (USMS), Taucher, Meeresforscher, Schriftsteller, Archäologe
Carlos González G., Theologe, Bibelforscher
James T. Hashian, Autor, Beauftragter für Öffentlichkeitsarbeit der amerikanischen Regierung
George Hauser, Fotograf
Lloyd Hawkins, Oberstleutnant a.D. (USAF)
Edward Kuhnel, Völkerrechtler, Dozent
Elfred Lee, Künstler, Bergsteiger, Schriftsteller
Ivan Lee, Archäologe, Künstler, Journalist, Verleger, Schriftsteller
John McIntosh, Lehrer, Forscher, Bergsteiger

René Noorbergen, Autor, Fotograf, Auslandskorrespondent
Antonio Pascual F., Schriftsteller, Historiker, Lehrer
J. L. Pennington, Oberst a.D. (USAF)
Kenneth Peters, Historiker, Oberstleutnant a.D. (USA)
Robert Phillips, Oberst a.D. (USAF)
dem verstorbenen Alexej Nikolajewitsch Romanow, dem angeblichen Sohn des letzten Zaren
Herbert Sawinski, Archäologe, Forscher, Taucher, Pilot, Schriftsteller, Direktor des Archäologischen Museums von Fort Lauderdale
Zecharia Sitchin, Schriftsteller, Spezialist für die alten Sprachen des Nahen Ostens, Archäologe, Forscher, Bibelexperte, Philosoph
dem verstorbenen Egerton Sykes, Schriftsteller, Sprachwissenschaftler, Verleger, Forscher, Beamter des Britischen Außenministeriums, mit besonderer Anerkennung dafür, daß er mir Einblick in sein Archivmaterial gewährt hat.
Bradley Tellshaw, Oberst a.D. (USAF)
J. Manson Valentine, Naturwissenschaftler, Paläontologe, Archäologe, Forscher, Taucher, Schriftsteller, Ehrenpräsident des Naturwissenschaftlichen Museums in Miami, Forschungsbeauftragter des Bishop-Museums in Honolulu
Bob Warth, Forscher, Schriftsteller, Journalist, Präsident der „Gesellschaft für die Erforschung unerklärlicher Phänomene"
Phyllis Watson, Forscherin, Schriftstellerin
Walter Wood, Techniker, Forscher
und besonders Phyllis Grann, Verlegerin, und Audrey Cusson, Lektorin, die mir bei der Veröffentlichung dieses Buches ermutigend und beratend zur Seite gestanden haben.